Foreword

About Myself

For many years I struggled to learn Spanish, and I still knew no more than about twenty words. Consequently, I was extremely frustrated. One day I stumbled upon this method as I was playing around with word combinations. Suddenly, I came to the realization that every language has a certain core group of words that are most commonly used and, simply by learning them, one could gain the ability to engage in quick and easy conversational Spanish.

I discovered which words those were, and I narrowed them down to three hundred and fifty that, once memorized, one could connect and create one's own sentences. The variations were and are *infinite*! By using this incredibly simple technique, I could converse at a proficient level and speak Spanish. Within a week, I astonished my Spanish-speaking friends with my newfound ability. The next semester I registered at my university for a Spanish language course, and I applied the same principles I had learned in that class (grammar, additional vocabulary, future and past tense, etc.) to those three hundred and fifty words I already had memorized, and immediately I felt as if I had grown wings and learned how to fly.

At the end of the semester, we took a class trip to San José, Costa Rica. I was like a fish in water, while the rest of my classmates were floundering and still struggling to converse. Throughout the following months, I again applied the same principle to other languages—French, Portuguese, Italian, and Arabic, all of which I now speak proficiently, thanks to this very simple technique.

This method is by far the fastest way to master quick and easy conversational language skills. There is no other technique that compares to my concept. It is effective, it worked for me, and it will work for you. Be consistent with my program, and you too will succeed the way I and many, many others have.

CONVERSATIONAL FINNISH QUICK AND EASY SERIES

The Most Innovative Technique To Learn the Finnish Language

PART - 1, PART – 2, PART - 3

YATIR NITZANY

CONTENTS

The Finnish Language

Finnish is an Uralic language of the Finnic branch, spoken by the majority of the population in Finland and by ethnic Finns outside of Finland. It is known for its rich and complex morphology, with 15 cases and inflections that are numerous and distinct. It is different from most Indo-European languages, particularly in its extensive case system. All marginal cases are rare and appear mainly in fixed expressions like idioms.

Approximately 4.9 million people in Finland speak Finish as their mother tongue. Worldwide, this is 5.4 million. Finnish is an official minority language in Sweden, alongside Meänkieli.

Finnish culture has ancient roots, but it was not until the 16th century that Finnish began to be written down. The expansion of Lutheranism during the Protestant Reformation, which began in Germany in 1517, was the main catalyst for literary development in the language. The principle behind this was that people should be able to hear and read the word of God in their own mother tongue. As there was no literary language, one needed to be created. The first Finnish books were produced by Mikael Agricola, a farmer's son who became a respected headmaster of the cathedral school in Turku, a Finnish Reformer, and eventually the Bishop of Turku.

He brought nine works in Finnish to print, which served as the foundation for literary Finnish. At the time, there was no standard language as Finns spoke different dialects. Finns were scattered throughout a vast, scarcely settled country and spoke local dialects. Agricola's work helped to connect the dialects and develop a standard language independent from these regional dialects.

Finnish Pronunciation guide

a – pronounced like the "uh" in "dune"
ä – pronounced like the "a" in "cat"
ää – pronounced like the "a" in "lad"
ee – pronounced like "eh"
o – pronounced like "aw" in "not"
oo – pronounced like the "o" in "snort"
ö – pronounced like the French "eu" as in "fleur" or like the "u" as in lure.
öö – pronounced like the "u" in "fur"
uu – pronounced like the "oo" in "boot"; however, farther in the back of the throat
y – pronounced like the "ü" in German
yy – longer version of y, somewhat like Scottish "new"
äi – pronounced like "eh-y" as in "day"
ei – pronounced like "leh-ee" as in "ray"
öi – pronounced like french "eu + english "e".
ui – pronounced like "ooh-ee"; however, farther in the back of the throat
yi – pronounced as german "ü" + english "e".
au – pronounced like "ow" in "hour"
ou – pronounced like the "oh" in "know"
eu – pronounced like "eh-oo"
iu – pronounced like "ee-oo"
äy – no equivalent in English (ä+y)
öy – pronounced like the "oh"
uo – pronounced like "oo-oh"
yö – no equivalent in English (ö+y)

Finnish Consonant Orthography and the English Equivalent

j – pronounced like the y in "yes"
r – pronounced trilled like the double rr in spanish
s – pronounced like a hard s
p – pronounced like a v
t – pronounced like a d
nk – pronounced like an ng
mp – pronounced like an mm
nt – pronounced like an nn
lt – pronounced like an ll
rt – pronounced like an rr.

Conversational Finnish Quick and Easy

The Most Innovative Technique to Learn the Finnish Language

Part I

YATIR NITZANY

Introduction to the Program

People often dream about learning a foreign language, but usually they never do it. Some feel that they just won't be able to do it while others believe that they don't have the time. Whatever your reason is, it's time to set that aside. With my new method, you will have enough time, and you will not fail. You will actually learn how to speak the fundamentals of the language—fluently in as little as a few days. Of course, you won't speak perfect Finnish at first, but you will certainly gain significant proficiency. For example, if you travel to Finland, you will almost effortlessly be able engage in basic conversational communication with the locals in the present tense and you will no longer be intimidated by culture shock. It's time to relax. Learning a language is a valuable skill that connects people of multiple cultures around the world—and you now have the tools to join them.

How does my method work? I have taken twenty-seven of the most commonly used languages in the world and distilled from them the three hundred and fifty most frequently used words in any language. This process took three years of observation and research, and during that time, I determined which words I felt were most important for this method of basic conversational communication. In that time, I chose these words in such a way that they were structurally interrelated and that, when combined, form sentences. Thus, once you succeed in memorizing these words, you will be able to combine these words and form your own sentences. The words are spread over twenty pages. In fact, there are just nine basic words that will effectively build bridges, enabling you to speak in an understandable manner (please see Building Bridges, page 33). The words will also combine easily in sentences, for example, enabling you to ask simple questions, make basic statements, and obtain a rudimentary understanding of others' communications. Please see Reading and Pronunciation (Page 7) in order to gain proficiency in the reading and pronunciation of the Finnish language prior to starting this program.

My book is mainly intended for basic present tense vocal communication, meaning anyone can easily use it to "get by" linguistically while visiting a foreign country without learning the entire language. With practice, you will be 100 percent understandable to native speakers, which is your aim. One disclaimer: this is *not* a grammar book, though it does address minute and essential grammar rules, so keep your eyes peeled for grammar footnotes at the bottom of every page. Therefore, understanding complex sentences with obscure words in Finnish is beyond the scope of this book.

People who have tried this method have been successful, and by the time you finish this book, you will understand and be understood in basic conversational Finnish. This is the best basis to learn not only the Finnish language but any language. This is an entirely revolutionary, no-fail concept, and your ability to combine the pieces of the "language puzzle" together will come with *great* ease, especially if you use this program prior to beginning a Finnish class.

This is the best program that was ever designed to teach the reader how to become conversational. Other conversational programs will only teach you phrases. But this is the *only* program that will teach you how to create your *own* sentences for the purpose of becoming conversational.

The Program

Let's Begin! "Vocabulary" (Memorize the Vocabulary)

I am - Minä olen **/** Olen
With you - Sinun kanssasi / kanssasi
With him / with her - Hänen kanssaan / hänen kanssaan
With us - Meidän kanssamme / kanssamme
For you - Sinulle
Without him - Ilman häntä
Without them - Ilman heitä
Always - Aina
This (or) **this is -** Tässä / tämä on
You, you are - Sinä, sinä olet
Sometimes - Joskus / Välillä
Maybe - Ehkä
Are you - Oletko sinä
With - Kanssa
Today - Tänään
He (or) **he is** - Hän / hän on
She (or) **she is** – Hän / hän on
From – Alkaen, kotoisin

Sentences from the vocabulary (now you can speak the sentences and connect the words)

I am with you.
Minä olen sinun kanssasi.

I am always with her.
Olen aina hänen kanssaan.

I am from Finland.
Olen kotoisin Suomesta.

This is for you.
Tämä on sinulle.

Are you at the house?
Oletko kotona?

Sometimes I go without him.
Joskus menen ilman häntä.

Are you alone today?
Oletko yksin tänään?

I was - Olin
To be - Olla
The - (No Equivalent)
Same - Sama
Good - Hyvä
Better / preferable - Parempi
And - Ja
Very - Erittäin
Between - Välillä
Now - Nyt
Happy - Iloinen
Later - Myöhemmin
If - Jos
Yes - Kyllä
Then - Sitten
Tomorrow - Huomenna
Here - Täällä
Also / too / as well - Myös
Too (as in too much) **-** Liian

I was home at 5pm.
Olin kotona kello 17/viideltä.

Between now and tomorrow.
Tämän päivän ja huomisen välillä.

It's better to be home later.
On parempi olla kotona myöhemmin.

If this is good, then I am happy.
Jos tämä on hyvä, niin minä olen onnellinen.

Yes, you are very good.
Kyllä, olet erittäin hyvä.

I was here with them.
Olin täällä heidän kanssaan.

You and I.
Sinä ja minä.

The same day.
Sama päivä.

After - Jälkeen
Ok – Ok / okei
Even if - Vaikka
Afterwards – Jälkeenpäin
Afterwards – Sen jälkeen
Worse - Huonompi
Where - Missä
Everything / anything - Kaikki
Somewhere - Jossain
What - Mitä
Almost - Melkein
There - Siellä
Now - Nyt
Right now - Juuri nyt
What time is it - Mitä kello

Afterwards is worse.
Sen jälkeen on huonompi.

Even if I go now.
Vaikka nyt menenkin.

Where is everything?
Missä kaikki on?

Maybe somewhere.
Ehkä jossain.

What? I am almost there.
Mitä? Olen melkein perillä.

Where are you?
Missä sinä olet?

This is for us.
Tämä on meille.

Are you from Helsinki?
Oletko Helsingistä?

Where is the airport?
Missä on lentokenttä?

What time is it right now?
Mitä kello on juuri nyt?

House - Talo
Still - Edelleen
Car - Auto
Already - Jo
Good morning - Hyvää huomenta
How are you - Mitä kuuluu
But - Mutta
However - Kuitenkin
Hello – Hei / Moi
Son - Poika
Daughter - Tytär
Impossible - Mahdotonta
Hard – Vaikea / Kova
Without us - Ilman meitä
Time - Aika
Almost - Melkein

She is not in the car, so maybe she is still at the house?
Hän ei ole autossa, joten ehkä hän on edelleen talossa?

I am in the car already with your son and daughter.
Olen jo autossa poikasi ja tyttäresi kanssa.

Good morning, how are you today?
Hyvää huomenta, miten voitte tänään?

Hello, what is your name?
Hei, mikä on nimesi?

This is very hard, but it's not impossible.
Tämä on erittäin vaikeaa, mutta ei mahdotonta.

Where are you from?
Mistä olet kotoisin?

It is almost time to go.
On melkein aika lähteä.

* In Finnish there are three definitions for the word "time": *kerta, aika, kello.*
"How many times?" - *kuinka monta **kertaa?***
"A long time." - *pitkä **aika.***
"What time is it?" - *paljonko **kello** on?*

Thank you - Kiitos
For - Varten
To go - Lähteä
It is - Se on
Without - Ilman
No / not - Ei / ei
Late - Myöhäinen / Myöhään
Away - Poissa
That (or) **that is** - Se / se on Tuo / Tuo on
Similar - Samanlainen
Other – Muu / toinen
Side - Sivu
Until – Kunnes, kun, saakka
Yesterday - Eilen
Since - Alkaen
Day - Päivä
Before - Ennen
To – (see footnote)

Thank you, Alexander.
Kiitos, Alexander.

I am not here, I am away.
En ole täällä, olen poissa.

That house is similar to ours.
Tuo talo on samanlainen kuin meillä.

I am from the other side.
Olen toiselta puolelta.

But I was here until late yesterday.
Mutta olin täällä myöhään eilen.

The coffee is without sugar.
Kahvi on ilman sokeria.

How old are you?
Kuinka vanha olet?

*This *isn't* a phrase book! The purpose of this book is *solely* to provide you with the tools to create *your own* sentences!

*In Finnish, prepositions like "to" are rarely used. Instead, the meaning is expressed by adding case endings directly to nouns.

I say / I am saying - Minä sanon / sanon
Happy - Iloinen
I want - Haluan
Without you - Ilman sinua
Everywhere – Kaikkialla, joka paikassa
I go / I am going - Minä menen / olen menossa
My - Minun
Cousin - Serkku
I need - Tarvitsen
Idea - Idea
Night - Yö
To see - Nähdäksesi
Light - Valo
Outside - Ulkona
That - Että (conjunction)
That he is / that she is - Että hän on
I see / I am seeing - Näen / näen

I am saying no!
Sanon ei!

I want to see this in the day.
Haluan nähdä tämän päivän aikana.

I see this everywhere.
Näen tämän joka paikassa.

I am happy to be here without my cousin.
Olen iloinen saadessani olla täällä ilman serkkuani.

I need to be there at night.
Minun täytyy olla siellä yöllä.

You need to be at home.
Sinun täytyy olla kotona.

I am seeing light outside.
Näen valoa ulkona.

I need to know that that is a good idea.
Minun täytyy tietää, että se on hyvä idea.

*In the last sentence, "that" is used as a conjunction *että*, and as a demonstrative pronoun *se*.

Place - Paikka
Easy - Helppoa
To find - Löytää
To look - Katsoa
To look for / to search - Etsiä
Near, close – Lähellä
To wait - Odottaa
To sell - Myydä
To use - Käyttää
To know - Tietää
To decide - Päättää
To sleep - Nukkua
Between - Välillä
Two - Kaksi
Both - Molemmat

This place is easy to find.
Tämä paikka on helppo löytää.

I am saying to wait until tomorrow.
Sanon, että odota huomiseen.

Is it easy to sell this table?
Onko tämä pöytä helppo myydä?

I want to use this.
Haluan käyttää tätä.

I want to know where is the grocery store.
Haluan tietää missä ruokakauppa on.

I need to decide between both places.
Minun on tehtävä päätös molempien paikkojen välillä.

Is it possible to look for this book in the library?
Onko mahdollista etsiä tätä kirjaa kirjastosta?

I am very happy to know that everything is ok.
Olen erittäin iloinen saadessani tietää, että kaikki on hyvin.

Is this place near?
Onko tämä paikka lähellä?

I want to go to sleep.
Haluan mennä nukkumaan.

Because - Koska
Much, a lot - Paljon / **Many** – Monet, Moni
Both - Molemmat
Them / They - He / **Their** - Heidän
Mine - Minun
To understand - Ymmärtää
Problem / problems - Ongelma / ongelmat
There are/ there is – On, On olemassa
I can – Minä voin / **Can I?** – Voinko
To buy – Ostaa
Like this - Näin
Book - Kirja
View - Näkymä
Food - Ruoka / **Water** - Vesi / **Hotel** - Hotelli
A little – Vähän

I like this hotel because it's near the beach.
Pidän tästä hotellista, koska se on lähellä rantaa.

I want to look at the view.
Haluan katsoa näkymää.

I want to buy a water bottle.
Haluan ostaa vesipullon.

Do it like this!
Tee se näin!

There are many tourists in Sweden, Denmark, Norway and Finland every summer.
Ruotsissa, Tanskassa, Norjassa ja Suomessa on joka kesä paljon turisteja.

That book is mine.
Tuo kirja on minun.

I have to understand the problem.
Minun on ymmärrettävä ongelma.

I see the view of the city from my hotel room.
Näen näkymän kaupunkiin hotellihuoneestani. Hotellihuoneestani näen kaupunkiin.

I can work today.
Voin tehdä töitä tänään.

I like / I enjoy - Pidän / nautin
Of -
Parents - Vanhemmat
Why - Miksi
To say - Sanotaan
Good morning - Hyvää huomenta
I will be - Olen
Ready - Valmis
Soon / quickly - Pian / nopeasti
To work - Töihin
Who - Kuka
Something - Jotain
Important - Tärkeä
Busy - Varattu
I do / I am doing - Teen

I like to be at my house with my parents.
Tykkään olla kotona vanhempieni kanssa.

Why do I need to say something important?
Miksi minun pitää sanoa jotain tärkeää

I am there with him.
Olen siellä hänen kanssaan

I am busy, but I will be ready quickly.
Olen kiireinen, mutta olen nopeasti valmis.

I like to work.
Pidän työnteosta. Tykkään tehdä töitä.

Who is there?
Kuka siellä on?

I want to know if they are here.
Haluan tietää, ovatko he täällä.

I can go outside.
Voin mennä ulos.

There is a taxi outside.
Ulkona on taksi.

I do what I want.
Minä teen mitä haluan.

How much - Kuinka paljon
To bring - Tuoda
With me - Minun kanssani
Instead - Sen sijaan
Do I - Teenkö minä
Money - Raha
Were - Olivat
Without me - Ilman minua
Fast - Nopea
Slow - Hidas
Cold - Kylmä
Inside - Sisällä
To eat - Syödä
Hot - Kuuma
To Drive - Ajaa
Can you – Voitko
Lunch – Lounas

How much money do I need to bring with me?
Kuinka paljon rahaa minun täytyy tuoda mukanani?

I like bread instead of rice.
Pidän leivästä riisin sijaan.

Go there without me.
Mene sinne ilman minua.

I need to drive in the car very fast or very slow.
Minun täytyy ajaa autolla hyvin nopeasti tai hyvin hitaasti.

It is already there.
Se on jo siellä.

Is it cold at the library?
Onko kirjastossa kylmä?

I like to eat a hot meal for my lunch.
Tykkään syödä lämpimän aterian lounaaksi.

This is a good meal.
Tämä on hyvä ateria.

*With the knowledge you've gained so far, now try to create your own sentences!

To answer - Vastata
To fly - Lentää
To travel - Matkustaa
To learn - Oppia
How - Miten
To swim - Uida
To practice - Harjoittella
To play - Pelata
To leave - Lähteä
Our - Meidän
Pool - Allas
First - Ensimmäinen
Time - Aika
Only - Vain
When - Milloin

I need to answer many questions.
Minun on vastattava moneen kysymykseen.

I want to fly today.
Haluan lentää tänään.

I need to learn how to swim at our pool.
Minun täytyy opetella uimaan uima-altaassamme.

I want to learn how to play better tennis.
Haluan oppia pelaamaan tennistä paremmin.

I want to leave my dog at home.
Haluan jättää koirani kotiin.

I want to travel the world.
Haluan matkustaa ympäri maailmaa.

Since the first time.
Ensimmäisestä kerrasta lähtien.

The children are yours!
Lapset ovat sinun!

Only when you can.
Vain kun voit.

Nobody / anyone - Ei kukaan / kuka tahansa
Against - Vastaan
Us - Meidät / meitä
We – Me
We are - Olemme
To visit - Vierailla
Mom - Äiti
To give - Antaa
Around - Noin
Week - Viikko
To meet - Tavata
Someone - Joku
Just - Vain
To walk - Kävellä
You *(indirect object)* **-** Sinä
Nothing - Ei mitään
Family - Perhe
Each / Every - Jokainen

Something is better than nothing.
Jokin on parempi kuin ei mitään.

I am against.
Vastustan. Olen vastaan.

We go to visit my family each week.
Käymme / Vierailemme perheeni luona joka viikko.

I need to give you something.
Minun täytyy antaa sinulle jotain.

Do you want to meet someone?
Haluatko tavata jonkun?

I am here tomorrow as well.
Olen täällä myös huomenna.

You do this every day?
Teetkö tätä joka päivä?

You need to walk around the school.
Sinun täytyy kävellä ympäri koulua.

I have - Minulla on
To look like - Näyttää siltä
Like (preposition) - kuin
Friend - Ystävä
To borrow - Lainata
On (on top) - Päällä
About (concerning /regarding) - Sta / stä (attached to the noun)
Grandfather – Isoisä, Ukki, Vaari
To want – Haluta
To stay - Pysyä
To continue - Jatkaa
Way - Tie
That's why - Siksi
To show - Näyttää
To prepare - Valmistaa
I don't have - Minulla ei ole
Breakfast - Aamiainen
Man - Mies

Do you want to look like Joshua?
Haluatko näyttää Joshualta?

I want to borrow this book for my grandfather.
Haluan lainata tämän kirjan isoisälleni.

I want to drive and to continue on this way to my house.
Haluan ajaa ja jatkaa tätä tietä kotiini.

I want to stay in Lapland because I have a friend there.
Haluan jäädä Lappiin, koska minulla on siellä ystävä.

I need to show you how to prepare breakfast.
Minun täytyy näyttää sinulle, kuinka valmistat aamiaisen.

Why don't you have the book?
Miksi sinulla ei ole kirjaa?

I don't need the car today.
En tarvitse autoa tänään.

Our house is located on the mountain.
Talomme sijaitsee tunturilla.

Tell me about your family.
Kerro minulle perheestäsi.

To remember - Muistaa
Your - Sinun
Number - Numero
Hour - Tunti
Darkness - Pimeys
To speak / to talk - Puhua
Grandmother – Isoäiti, mummo
Five - Viisi
Minute / minutes – Minuutti / Minuuttia
More - Lisää
To think - Ajatella
To do - Tehtävä
To come - Tulla
To hear - Kuulla
Last - Viimeinen
Sky - Taivas
Window - Ikkuna
Different - Erilainen
Coffee - Kahvi

He is a different man now.
Hän on nyt eri mies.

You need to remember your number.
Sinun on muistettava numerosi.

This is the last hour of darkness.
Tämä on pimeyden viimeinen tunti.

I want to come with you.
Haluan tulla kanssasi.

I can hear my grandmother speaking Finnish.
Kuulen isoäitini puhuvan suomea.

From here to there, it's just five minutes.
Täältä sinne on vain viisi minuuttia.

I can see the sky from the window.
Näen taivaan ikkunasta.

I want more coffee.
Haluan lisää kahvia.

To leave - Lähteä
Again - Jälleen
Early - Varhainen
To take - Ottaa
To try - Kokeilla
To rent – Vuokrata
Without her - Ilman häntä
Beach - Ranta
To turn off - Sammutta
To ask – Kysyä
To stop - Pysähtyä
Permission - Lupa
Finnish - Suomalainen
Swedish - Ruotsalainen
Norwegian - Norjalainen
Danish - Tanskalainen
Lapland - Lappi

I need to rent a house on the beach.
Minun täytyy vuokrata talo rannalta.

I want to take this with me.
Haluan ottaa tämän mukaani.

We want to stop here.
Haluamme pysähtyä tähän.

I need to turn off the lights early.
Minun täytyy sammuttaa valot ajoissa.

We are from the Lapland region of Scandinavia.
Me olemme kotoisin Skandinavian Lapin alueelta (region).

Your doctor is in the same building.
Lääkärisi on samassa rakennuksessa.

In order to leave you have to ask permission.
Poistuaksesi sinun on kysyttävä lupa.

I want to learn how to speak Finnish perfectly.
Haluan oppia puhumaan suomea täydellisesti.

Come here quickly.
Tule tänne nopeasti.

To open - Avata
Sad - Surullinen
Without - Ilman
Sister - Sisko
To hope - Toivoa
To live - Elää
Nice to meet you - Hauska tavata
Name - Nimi
Last name - Sukunimi
To return - Palata
Enough - Tarpeeksi
Door - Ovi
Bathroom - Kylpyhuone
To repair - Korjata

I need to open the door for my sister.
Minun täytyy avata ovi siskolleni.

I need to buy something.
Minun täytyy ostaa jotain.

I want to meet your brothers.
Haluan tavata veljiäsi.

Nice to meet you. What is your name and your last name?
Hauska tavata. Mikä on nimesi ja sukunimesi?

We can hope for a better future.
Voimme toivoa parempaa tulevaisuutta.

It is impossible to live without problems.
On mahdotonta elää ilman ongelmia.

I want to return to the United States.
Haluan palata Yhdysvaltoihin.

Why are you sad right now?
Miksi olet surullinen juuri nyt?

I need to repair a part of the cabinet in the bathroom.
Minun täytyy korjata osa kylpyhuoneen kaapista.

Is this for me?
Onko tämä minulle?

To happen - Tapahtua
To order - Tilata
To drink - Juoda
To keep - Säilyttää
Child - Lapsi
Woman - Nainen
To begin - Aloittaa
To finish - Lopettaa
To help - Auttaa
To smoke - Tupakoida
To love - Rakastaa
To like - Pitää
Excuse me / sorry - Anteeksi

This needs to happen today.
Tämän on tapahduttava tänään.

My child he is here as well.
Lapseni on myös täällä.

I want to order a soup.
Haluan tilata keiton.

We want to start the class soon.
Haluamme aloittaa kurssin pian.

In order to finish at three o'clock this afternoon, I need to finish soon.
Jotta voisin lopettaa kello kolmelta tänä iltapäivänä, minun on lopetettava pian.

I don't want to smoke again.
En halua polttaa enää.

I want to help.
Haluan auttaa.

I love you.
Rakastan sinua.

I see you.
Näen sinut.

I need you.
Tarvitsen sinua.

To read - Lukea
To write - Kirjoittaa
To teach - Opettaa
To close - Sulkea
To turn on - Kytkeä päälle / Laittaa päällä
To prefer - Suosia
To put – Laittaa
Less - Vähemmän
Sun - Aurinko
Month - Kuukausi
I talk - Minä puhun
Exact – Täsmällinen
Date – Päivämäärä
Possible – Mahdollinen
In order to - Jotta

I need this book to learn how to read and write in Finnish.
Tarvitsen tämän kirjan oppiakseni lukemaan ja kirjoittamaan suomeksi.

I want to teach English in Finland.
Haluan opettaa englantia Suomessa.

I want turn on the lights and close the door.
Haluan sytyttää valot / laittaa valot päälle ja sulkea oven.

I want to pay less than you.
Haluan maksaa vähemmän kuin sinä.

I prefer to put this here.
Laitan tämän mieluummin tänne.

I talk with the boy and with the girl in Finnish.
Puhun pojan ja tytön kanssa suomeksi.

I need to go outside.
Minun täytyy mennä ulos.

Is it possible to know the exact date of the flight?
Onko mahdollista saada tietää lennon tarkka päivämäärä?

I want to go to sleep now because I need to wake up early in order to take a taxi to the airport.
Haluan mennä nukkumaan nyt, koska minun täytyy herätä aikaisin, jotta voin ottaa taksin lentokentälle.

To exchange - Vaihtaa
To call - Soittaa
To sit - Istua
Together - Yhdessä
To change - Muuttaa
To follow - Seuratai
Of course - Tietenkin
To arrive - Saapua
Welcome - Tervetuloa
Brother - Veli / **Dad -** Isä
Years - Vuodet
Up - Ylös / **Down -** Alas / **Below, under -** Alla
Sorry - Anteeksi
Theater - Teatteri
Big - Iso
New – Uusi
Never - Ei koskaan

I want to call my brother and my dad today.
Haluan soittaa veljelleni ja isälleni tänään.

Of course I can come to the theater, and I want to sit together with you and your family.
Tietysti voin tulla teatteriin, ja haluan istua yhdessä sinun ja perheesi kanssa.

I want to exchange the money at the bank.
Haluan vaihtaa rahat pankissa.

If you look under the table, you can see the new rug.
Jos katsot pöydän alle, näet uuden maton.

I am sorry.
Olen pahoillani.

The dog wants to follow me to the store.
Koira haluaa seurata minua kauppaan.

I don't ever want to see you.
En halua nähdä sinua koskaan.

*In Finnish "to call (on the phone)" is soittaa. However, to call out to someone is kuuluttaa / huutaa.

To allow - Sallia
To believe - Uskoa
To promise - Luvata
To enter - Mennä sisään
To receive - Vastaanottaa
To move - Liikkua
To recognize - Tunnistaa
Kitchen - Keittiö
Except - Paitsi
Good night - Hyvää yötä
Good afternoon - Hyvää iltapäivää
People - Ihmiset
Far - Kaukana
Kitchen - Keittiö
Throughout - Läpi / Kautta / Koko, **Through -** Kautta
Him / her - Hän / hän

I need to believe everything except for this.
Minun täytyy uskoa kaikki muu paitsi tämä.

I must promise myself not to forget to say good night to my parents each night.
Minun täytyy luvata itselleni, etten unohda sanoa hyvää yötä vanhemmilleni joka ilta.

I need to allow him to go with us.
Minun täytyy sallia hänen tulla kanssamme.

I can't recognize him.
En tunnista häntä.

I need to move my car because my sister needs to move her things to her car
Minun täytyy siirtää autoni, koska siskoni tarvitsee siirtää tavaransa autoonsa.

I see the sun from the kitchen window throughout the morning.
Näen auringon keittiön ikkunasta koko aamun.

I go into the house from the front entrance and not through the yard.
Menen taloon sisäänkäynnin kautta, en pihan kautta.

To wish - Toivottaa
Bad - Huono
To get - Saada
To forget - Unohtaa
Everybody - Kaikki
Although - Vaikka
To feel - Tuntea
Good - Hyvä
Next (following/after) **-** Seuraava
Next (near/close) - Viereinen / Vieressä
I must - Minun täytyy
In front - Edessä
Person - Henkilö
Behind - Takana
Which - Mikä
See you soon - Nähdään pian
Goodbye - Näkemiin
Restaurant - Ravintola

I don't want to wish you anything bad.
En toivo sinulle mitään pahaa.

I must forget everybody from my past.
Minuun täytyy unohtaa kaikki menneisyydestäni.

To feel well I must take vitamins.
Minuun on otettava vitamiineja tunteakseni oloni hyväksi.

I am near the person that's behind you.
Olen takanasi olevan henkilön lähellä.

Goodbye my friend.
Hyvästi ystäväni.

Which is the best restaurant in the area?
Mikä on alueen paras ravintola?

I can feel the heat.
Tunnen lämmön

She must get a car before the next year.
Hänen on hankittava auto ennen ensi vuotta

*This *isn't* a phrase book! The purpose of this book is *solely* to provide you with the tools to create *your own* sentences!

Please - Ole hyvä
Beautiful - Kaunis
To lift - Nostaa
Belong - Kuuluu
To hold - Pitää
To check - Tarkistaa
Include / Including - Sisältää
Small - Pieni
Real - Todellinen
For me - Minulle
Even though - Vaikka
Thing - Asia
Doesn't - Ei
So (as in *then*) **-** Joten / **So** (as in *so much*) - Niin
Price - Hinta

This week the weather was very beautiful.
Tällä viikolla sää oli todella kaunis.

Is that a real diamond?
Onko se oikea timantti?

I want to lift this.
Haluan nostaa tämän.

The sun is high in the sky.
Aurinko on korkealla taivaalla.

Can you please put the wood in the fire?
Voitko lisätä puita tuleen/nuotioon/takkaan?

Can you please hold my hand?
Voitko pitää kädestäni?

We need to check the size of the house.
Meidän on tarkistettava talon koko.

I can pay this although the price is expensive.
Voin maksaa tämän vaikka hinta on kallis.

Does the price include everything?
Sisältääkö hinta kaiken?

So why is this so small?
Joten miksi tämä on niin pieni?

Building Bridges

In Building Bridges, we take six conjugated verbs that have been selected after studies I have conducted for several months in order to determine which verbs are most commonly conjugated, and which are then automatically followed by an infinitive verb. For example, once you know how to say, "I need," "I want," "I can," and "I like," you will be able to connect words and say almost anything you want more correctly and understandably. The following three pages contain these six conjugated verbs in first, second, third, fourth, and fifth person, as well as some sample sentences. Please master the entire program up until *here* prior to venturing onto this section.

I Can - Minä voin
I Do – Tahdon / Teen
I go - Menen
I need - Tarvitsen
I want - Haluan
I see - Ymmärrän / Näen
I Like - Pidän / tykkään
I say - Minä sanon
I talk - Minä puhun
I have – Minulla on
I have to / I must - Minun täytyy

I want to go home.
Haluan mennä kotiin.

I need to find a hospital.
Minun täytyy löytää sairaala.

I need to walk outside the museum.
Minun täytyy kävellä museon ulkopuolella.

I like to eat oranges.
Tykkään syödä appelsiineja.

I can go with you.
Voin mennä kanssasi.

You want / do you want?
Haluatko / haluatko?
He wants / does he want?
Hän haluaa / haluaako hän?
She wants / does she want?
Hän haluaa / haluaako hän?
We want / do we want?
Haluamme / haluammeko?
They want / do they want?
He haluavat / haluavatko he?
You (Plural) want/ do you (Pl) want?
Haluatte / Haluatteko?

You need / do you need?
Tarvitsetko / tarvitsetko?
He needs / does he need?
Hän tarvitsee / tarvitseeko hän?
She needs / does she need?
Hän tarvitsee / tarvitseeko hän?
We need / do we need?
Tarvitsemme / tarvitsemmeko?
They need / do they need?
He tarvitsevat / tarvitsevatko he?
You (Pl)need/ do you (Pl) need?
Te tarvitsette/ Tarvitsetteko?

You can / can you?
Sinä voit / voitko sinä?
He can / can he?
Hän voi / voiko hän?
She can / can she?
Hän voi / voiko hän?
We can / can we?
Me voimme / voimmeko me?
They can / can they?
He voivat/voivatko he?
You (Pl) can/ can you?
Te voitte/ voitteko te?

You do / do you do?
Teet / teetkö?
He does / does he do?
Hän tekee / tekeekö hän?
She does / does she do?
Hän tekee / tekeekö hän?
We do / do we do?
Teemme / teemmekö?
They do / do they do?
He tekevät / tekevätkö he?
You (Pl) do/ do you (Pl) do?
Te teette/ teettekö te?

You go / do you go?
Menet / menetkö?
He goes / does he go?
Hän menee / meneekö hän?
She goes / does she go?
Hän menee / meneekö hän?
We go / do we go?
Mennään/mennäänkö?
They go / do they go?
Menevätkö / menevätkö he?
You (Pl) go/ do you (Pl) go?
Te menette / menettekö te?

You must / do you have to?
Sinun pitää/pitääkö sinun?
He must / does he have to?
Hänen täytyy / onko hänen pakko?
She must / does she have to?
Hänen täytyy / onko hänen pakko?
We must / do we have to?
Meidän on / onko meidän pakko?
They must / do they have to?
Heidän täytyy / onko heidän pakko?
You (Pl) must/ do you have to?
Teidän täytyy / täytyykö teidän / onko teidän pakko?

Do you want to go?
Haluatko mennä?

Does he want to fly?
Haluaako hän lentää?

She wants to go to the bus station.
Hän haluaa mennä linja-autoasemalle.

We want to swim.
Haluamme uida.

Do they want to run?
Haluavatko he juosta?

Do you need to clean?
Tarvitseeko sinun siivota?

She needs to sing a song.
Hänen täytyy laulaa laulu.

We need to travel.
Meidän täytyy matkustaa.

They don't need to fight.
Heidän ei tarvitse taistella.

You (plural) need to save your money.
Teidän täytyy säästää rahanne.

Can you hear me?
Kuuletko minua?

He can dance very well.
Hän osaa tanssia erittäin hyvin.

We can go out tonight.
Voimme mennä ulos tänä iltana.

The fireman can break the door during an emergency.
Palomies voi murtaa oven hätätilanteessa.

Do you like to eat here?
Tykkäätkö syödä täällä?
We like to stay in the house.
Haluamme jäädä taloon.

They like to cook.
He pitävät ruoanlaitosta.

You (plural) like to play soccer.
Pidättekö jalkapallon pelaamisesta

Do you go to the movies on weekends?
Käytkö elokuvissa viikonloppuisin?

He goes /fishing.
Hän menee / kalastamaan.

They go out to eat at a restaurant every day.
He käyvät joka päivä ulkona syömässä ravintolassa.

Do you have money?
Onko sinulla rahaa?

She must look outside.
Hänen täytyy katsoa ulos.

They have to send the letter.
Heidän on lähetettävä kirje.

You (plural) have to stand in line.
Teidän pitää seistä jonossa

Numbers - Numerot
One - Yksi
Two - Kaksi
Three - Kolme
Four - Neljä
Five - Viisi
Six - Kuusi
Seven - Seitsemän
Eight - Kahdeksan
Nine - Yhdeksän
Ten - Kymmenen

Days of the Week - Viikonpäivät
Sunday - Sunnuntai
Monday - Maanantai
Tuesday - Tiistai
Wednesday - Keskiviikko
Thursday - Torstai
Friday - Perjantai
Saturday - Lauantai

Seasons - Vuodenajat
Spring - Kevät/ **Summer -** Kesä
Autumn - Syksy/ **Winter -** Talvi

Colors - Värit
Black - Musta
White - Valkoinen
Gray – Harmaa
Red - Punainen
Blue - Sininen
Yellow - Keltainen
Green - Vihreä
Orange - Oranssi
Purple - Violetti
Brown - Ruskea

Cardinal Directions - Ilmansuunnat
North - Pohjoinen / **South -** Etelä
East - Itä / **West -** Länsi

Conclusion

Congratulations! You have completed all the tools needed to master the Finnish language, and I hope that this has been a valuable learning experience. Now you have sufficient communication skills to be confident enough to embark on a visit to Finland, impress your friends, and boost your resume so *good luck.*

This program is available in other languages as well, and it is my fervent hope that my language learning programs will be used for good, enabling people from all corners of the globe and from all cultures and religions to be able to communicate harmoniously. After memorizing the required three hundred and fifty words, please perform a daily five-minute exercise by creating sentences in your head using these words. This simple exercise will help you grasp conversational communications even more effectively. Also, once you memorize the vocabulary on each page, follow it by using a notecard to cover the words you have just memorized and test yourself and follow *that* by going back and using this same notecard technique on the pages you studied during the previous days. This repetition technique will assist you in mastering these words in order to provide you with the tools to create your own sentences.

Every day, use this notecard technique on the words that you have just studied.

Everything in life has a catch. The catch here is just consistency. If you just open the book, and after the first few pages of studying the program, you put it down, then you will not gain anything. However, if you consistently dedicate a half hour daily to studying, as well as reviewing what you have learned from previous days, then you will quickly realize why this method is the most effective technique ever created to become conversational in a foreign language. My technique works! For anyone who doubts this technique, all I can say is that it has worked for me and hundreds of others.

Conversational Finnish
Quick and Easy

The Most Innovative Technique to Learn the Finnish Language

Part II

YATIR NITZANY

Introduction to the Program

In the first book, you were taught the 350 most useful words in the Finnish language, which, once memorized, could be combined in order for you to create your own sentences. Now, with the knowledge you have gained, you can use those words in Conversational Finnish Quick and Easy Part 2 and Part 3, in order to supplement the 350 words that you've already memorized. This combination of words and sentences will help you master the language to even greater proficiency and quicker than with other courses.

The books that comprise Parts 2 and 3 have progressed from just vocabulary and are now split into various categories that are useful in our everyday lives. These categories range from travel to food to school and work, and other similarly broad subjects. In contrast to various other methods, the topics that are covered also contain parts of vocabulary that are not often broached, such as the military, politics, and religion. With these more unusual topics for learning conversational languages, the student can learn quicker and easier. This method is flawless and it has proven itself time and time again.

If you decide to travel to Finland, then this book will help you speak the Finnish language.

This method has worked for me and thousands of others. It surpasses any other language-learning method system currently on the market today.

This book, Part 2, specifically deals with practical aspects concerning travel, camping, transportation, city living, entertainment such as films, food including vegetables and fruit, shopping, family including grandparents, in-laws, and stepchildren, human anatomy, health, emergencies, and natural disasters, and home situations.

The sentences within each category can help you get by in other countries.

In relation to travel, for example, you are given sentences about food, airport necessities such as immigration, and passports. Helpful phrases include, "Where is the immigration and passport control inside the airport?" and "I want to order a bowl of cereal and toast with jelly." For flights there are informative combinations such as, "There is a long line of passengers in the terminal because of the delay on the runway." When arriving in another country options for what to say include, "We want to hire a driver for the tour. However, we want to pay with a credit card instead of cash" and, "On which street is the car-rental agency?

When discussing entertainment in another country and in a new language, you are provided with sentences and vocabulary that will help you interact with others. You can discuss art galleries and watching foreign films. For example, you may need to say to friends, "I need subtitles if I watch a foreign film" and, 'The mystery-suspense genre films are usually good movies'. You can talk about your own filming experience in front of the camera.

The selection of topics in this book is much wider than in ordinary courses. By including social issue such as incarceration, it will help you to engage with more people who speak the language you are learning.

Part 3 will deal with vocabulary and sentences relevant to indoor matters such as school and the office, but also a variety of professions and sports.

<h1 style="text-align:center">TRAVEL - MATKA</h1>

Flight - Lento
Airplane - Lentokone
Airport – Lentokenttä
Terminal - Terminaali
Passport - Passi
Customs - Tulli
Take off (airplane) – Nousu
Landing - Lasku
Departure - Lähtö
Arrival – Saapuminen
Gate - Portti
Boarding - Lentoon pääsy
Runway - Kiitotie
Luggage - Matkatavarat / **Suitcase** - Matkalaukku
Baggage claim - Matkatavaroiden nouto
Passenger – Matkustaja
Final Destination – Lopullinen määränpää
Wing - Siipi
Line - Linja / **Delay -** Viive

I enjoy traveling.
Nautin matkustamisesta.
This is a very expensive flight.
Tämä on erittäin kallis lento.
The airplane takes off in the morning and lands at night.
Lentokone nousee aamulla ja laskeutuu yöllä.
My suitcase is at the baggage claim.
Matkalaukkuni on matkatavaroiden noutopaikalla.
We need to go to the departure gate instead of the arrival gate.
Meidän täytyy mennä lähtöportille tuloportin sijaan.
There is a long line of passengers in the terminal because of the delay on the runway.
Terminaalissa on pitkä matkustajajono kiitotien viivästymisen vuoksi.
What is your final destination?
Mikä on lopullinen määränpääsi?
I don't like to sit above the wing of the airplane.
En halua istua lentokoneen siiven yläpuolella.
The flight takes off at 3pm, but the boarding commences at 2:20pm.
Lento lähtee klo 15, muttalennolle pääsy alkaa klo 14.20.
Where is the passport control inside the airport?
Missä on passintarkastus lentokentän sisällä?
I am almost finished at customs.
Olen melkein valmis tullissa.

International flight – Kansainvälinen lento
Domestic flight – Kotimaan lento
Business class – Business-luokka /**First class** – Ensimmäinen luokka
Economy class – Turistiluokka
Round trip - Meno-paluu / **Direct flight** - Suora lento
One-way flight - Yhdensuuntainen lento / **Return flight** - Paluulento
Flight attendant - Lentoemäntä
Layover - Välilasku / **connection** - Yhteys
Reservation - Varaus
Security check – Turvatarkastus
Checked bags - Kirjatut matkatavarat
Carry-on bag - Käsimatkatavara
Business trip - Liikematka
Check in counter – Lähtöselvitystiski
Travel agency - Matkatoimisto
Visa - Viisumi / **Temporary visa** – Väliaikainen viisumi
Permanent visa – Pysyvä viisumi
Country – Maa

The flight attendant told me to go to the check in counter.
Lentoemäntä käski minun mennä lähtöselvitystiskille.
For international flights, you must be at the airport at least three hours before the flight.
Kansainvälisillä lennoilla sinun on oltava lentokentällä vähintään kolme tuntia ennen lentoa.
For a domestic flight, I need to arrive at the airport at least two hours before the flight.
Kotimaan lentoa varten minun tulee saapua lentokentälle vähintään kaksi tuntia ennen lentoa.
Business class is usually cheaper than first class.
Business-luokka on yleensä halvempi kuin ensimmäinen luokka.
A one-way ticket is cheaper than the round-trip ticket at the travel agency.
Yhdensuuntainen lippu on halvempi kuin meno-paluulippu matkatoimistossa.
I prefer a direct flight without a layover.
Pidän parempana suoraa lentoa ilman välilaskua.
I must reserve my return flight.
Minun täytyy varata paluulentoni.
Why do I need to remove my shoes at the security check?
Miksi minun on riisuttava kenkäni turvatarkastuksessa?
I have three checked bags and one carry-on.
Minulla on kolme ruumaan menevää matkatavaraa ja yksi käsimatkatavara.
I have to ask my travel agent if this country requires a visa.
Minun on kysyttävä matkatoimistolta, vaatiiko tämä maa viisumin.

Trip – Matka
Tourist - Turisti/ **Tourism -** Matkailu
Holiday - Loma
Vacations - Lomat
Currency exchange - Valuutanvaihto
Port of entry - Sisääntulosatama
Car rental agency - Autovuokraamo
Identification - Tunnistus
GPS - GPS
Road - Tie/ **Map -** Kartta
Information center - Tietokeskus
Bank - Pankki
Hotel – Hotelli/ **Motel -** Motelli/ **Hostel -** Hostelli
Leisure - Vapaa-aika
Driver – Kuljettaja
Credit - Luotto/ **Cash -**Käteinen
A guide - Opas/ **Tour -** Kiertue
Ski resort - Hiihtokeskus

I had an amazing trip.
Minulla oli hämmästyttävä matka.
The currency exchange counter is past the port of entry.
Valuutanvaihtotiski on tulosataman takana.
There is a lot of tourism during the holidays and vacations.
Loma- ja loma-aikoina on paljon .turismia
Where is the car-rental agency?
Missä autovuokraamo on?
You need to show your identification.
Sinun on todistettava henkilöllisyytesi.
It's more convenient to use the GPS on the roads instead of a map.
Teillä on kätevämpää käyttää GPS:ää kartan sijaan.
Why is the information center closed today?
Miksi infopiste on suljettu tänään?
When I am in a foreign country, I go to the bank before I go to the hotel.
Kun olen vieraassa maassa, menen pankkiin ennen kuin menen hotelliin.
I need to book my leisure vacation at the ski resort today.
Minun täytyy varata vapaa-ajan lomani hiihtokeskuksesta tänään.
We want to hire a driver for the tour.
Haluamme palkata kuljettajan kiertueelle.
We want to pay with a credit card instead of cash.
Haluamme maksaa luottokortilla käteisen sijaan.
Does the tour include an English-speaking guide?
Sisältääkö kiertueen englanninkielisen oppaan?

TRANSPORTATION - KULJETUS

Car - Auto
Bus - Bussi
Train - Juna/ **Train station -** Rautatieasema
Train tracks - Junaradat/ **Train cart -** Junakärry
Taxi - Taksi
Subway - Metro
Motorcycle - Moottoripyörä/ **Scooter -** Skootteri
Station - Asema
Helicopter - Helikopteri
School bus – Koulubussi
Limousine - Limusiini
Driver license - Ajokortti
Vehicle registration - Ajoneuvon rekisteröinti
License plate - Rekisterikilpi
Ticket - Lippu
Ticket (penalty) - Rangaistus

Where is the public transportation?
Missä on julkinen liikenne?
Where can I buy a bus ticket?
Mistä voin ostaa bussilipun?
Please call a taxi.
Soita taksi.
In some cities, you don't need a car because you can rely on the subway.
Joissakin kaupungeissa et tarvitse autoa, koska voit luottaa metroon.
Where is the train station?
Missä on juna-asema?
The train cart is still stuck on the tracks.
Junan kärryt ovat edelleen jumissa raiteilla.
The motorcycles make loud noises.
Moottoripyörät pitävät kovaa ääntä.
Where can I rent a scooter?
Mistä voin vuokrata skootterin?
I want to plan a helicopter tour.
Haluan suunnitella helikopterimatkaa.
I want to go to the party in a limousine.
Haluan mennä juhliin limusiinilla.
Don't forget to bring your driver's license and registration.
Muista ottaa mukaan ajokortti ja rekisteriote
The cop gave me a ticket because my license plate has expired.
Poliisi antoi minulle lipun, koska rekisterikilpi on vanhentunut.

Truck – Kuorma auto/ **Pickup truck –** lava-auto
Bicycle – Polkupyörä
Van - Pakettiauto
Gas station – Huoltoasema
Gasoline - Bensiini
Tire - Rengas
Oil change – Öljynvaihto
Tire change – Renkaiden vaihto
Mechanic – Mekaanikko
Canoe - Kanootti
Ship - Laiva/ **Boat –** Vene
Yacht - Jahti
Sailboat - Purjevene
Motorboat - Moottorivene
Marina - Venesatamassa/ **The dock -** laituri
Cruise - Risteily/ **Cruise ship -** Risteilyalus
Ferry - Lautta
Submarine - Sukellusvene

I can put my bicycle in my truck.
Voin laittaa polkupyöräni kuorma-autoon.
Where is the gas station?
Missä on huoltoasema?
I need gasoline and also to put air in my tires.
Tarvitsen bensiiniä ja myös ilmaa renkaisiini.
I need to take my car to the mechanic for a tire and oil change.
Minun täytyy viedä autoni mekaanikkoon renkaiden ja öljyjen vaihtoon.
I can put my canoe in the van.
Voin laittaa kanootin pakettiautoon.
Can I bring my yacht to the boat show at the marina?
Voinko tuoda jahtini venenäyttelyyn venesatamassa?
I prefer a motorboat instead of a sailboat.
Pidän enemmän moottoriveneestä purjeveneen sijaan.
I want to leave my boat at the dock on the island.
Haluan jättää veneeni saaren laituriin.
This spot is a popular stopping point for the cruise ship.
Tämä paikka on suosittu risteilyaluksen pysähdyspaikka.
This was an excellent cruise.
Tämä oli loistava risteily.
Do you have the schedule for the ferry?
Onko sinulla lautan aikataulua?
The submarine is yellow.
Sukellusvene on keltainen.

CITY - Kaupunki

Town - Kaupunki/ **Village** - Kylä
House - Talo / **home** – Koti
Apartment - Huoneisto
Building - Rakennus / **Highrise building** - Korkea rakennus
Tower - Torni / **Skyscraper** – Pilvenpiirtäjä
Neighborhood – Naapurusto
Office building – Toimistorakennus
Post office – Postitoimisto
Location - Sijainti
Elevator – Hissi/ **Stairs** - Portaat
Fence - Aita / **Construction site** – Rakennustyömaa
Bridge - Silta / **Gate** - Portti
City hall – Kaupungintalo/ **Mayor** - Pormestari
Fire department – Palokunta
Pedestrians - Jalankulkijat/ **Crosswalk** - Suojatie

Is this a city or a village?
Onko tämä kaupunki vai kylä?
Does he live in a house or an apartment?
Asuuko hän talossa vai kerrostalossa?
This residential building does not have an elevator, just stairs.
Tässä asuinrakennuksessa ei ole hissiä, vain portaat.
These skyscrapers are located in the center city.
Nämä pilvenpiirtäjät sijaitsevat kaupungin keskustassa.
The tower is tall but the building beside it is very short.
Torni on korkea, mutta sen vieressä oleva rakennus on hyvin lyhyt.
This is a beautiful neighborhood.
Tämä on kaunis naapurusto.
There is a fence around the construction site.
Rakennustyömaan ympärillä on aita.
The post office is located in that office building.
Posti sijaitsee kyseisessä toimistorakennuksessa.
The bridge is closed today.
Silta on suljettu tänään.
The gate is open.
Portti on auki.
The fire department is located in the building next to city hall.
Palokunta sijaitsee kaupungintalon vieressä olevassa rakennuksessa.
The mayor of Helsinki is very well known.
Helsingin pormestari tunnetaan hyvin.
The pedestrians use the crosswalk to cross the road.
Jalankulkijat käyttävät suojatietä ylittääkseen tien.

Street - Katu/ **Main street** - Pääkatu
To park - Pysäköinti/ **Parking lot** - Parkkipaikka
Sidewalk - Jalkakäytävä
Traffic - Liikenne / **Traffic light** - Liikennevalo
Red light – Punainen valo/ **Yellow light** - Keltainen valo
Green light – Vihreä valo
Lane - Kaista
Toll lane - Maksullinen kaista
Fast lane – Nopea kaista / **Slow lane** – Hidas kaista
Right lane – Oikea kaista / **Left lane** – Vasen kaista
Highway – Valtatie/ **Intersection** - Risteys/ **Tunnel** – Tunneli
U-turn - U-käännös/ **Shortcut** - oikotie/ **Bypass** - Ohitus
Stop sign - Pysäytysmerkki

The parking is on the main street and not on the sidewalk.
Pysäköinti on pääkadulla, ei jalkakäytävällä.
Where is the parking lot?
Missä parkkipaikka on?
The traffic is very bad today.
Liikenne on erittäin huono tänään.
You must avoid the fast lane because it's a toll lane.
Sinun on vältettävä nopeaa kaistaa, koska se on maksullinen kaista.
We don't like to drive on the highway.
Emme pidä moottoritiellä ajamisesta.
At a red light you need to stop, at a yellow light you must be prepared to stop and at a green you can drive.
Punaisessa valossa sinun on pysähdyttävä, keltaisessa valossa sinun on oltava valmis pysähtymään ja vihreässä voit ajaa.
This road has too many traffic lights.
Tällä tiellä on liikaa liikennevaloja.
At the intersection, we need to stay in the left lane instead of the right lane because that's a bus lane.
Risteyksessä meidän on pysyttävä vasemmalla kaistalla oikean kaistan sijaan, koska se on bussikaista.
The tunnel seems longer than yesterday.
Tunneli näyttää pidemmältä kuin eilen.
It's a short drive.
Se on lyhyt ajomatka.
The next bus stop is far away from here.
Seuraava bussipysäkki on kaukana täältä.
You need to turn right at the stop sign and then continue on straight.
Sinun on käännyttävä oikealle stop-merkin kohdalla ja jatkettava sitten suoraan.

Capital – Pääkaupunki
Resort - Lomakeskus
Port - Satama
Road - Tie/ **Trail, path** – Polku
Bus station - Linja-autoasema/ **Bus stop** – Bussipysäkki
Night club – Yökerho
Downtown – Keskusta
District - Piiri/ **County** - Lääni
Statue - Patsas/ **Monument** - Monumentti
Castle – Linna
Church - Kirkko/ **Cathedral** - Katedraali
Synagogue - Synagoga/ **Mosque** - Moskeija
Science museum – Tiedemuseo/ **Zoo** – Eläintarha
Playground – Leikkikenttä
Swimming pool – Uima-allas
Jail / Prison - Vankila

The capital is a major attraction point for tourists.
Pääkaupunki on tärkeä nähtävyys turisteille.
The resort is next to the port.
Lomakeskus on sataman vieressä.
The night club is located in the downtown area.
Yökerho sijaitsee keskustan alueella.
In which district do you live in?
Millä alueella asut?
This statue is a city monument.
Tämä patsas on kaupungin muistomerkki.
This is an ancient castle.
Tämä on vanha linna.
Where is the local church?
Missä on paikallinen kirkko?
That is a beautiful cathedral.
Se on kaunis katedraali.
Do you want to go to the zoo or the science museum?
Haluatko mennä eläintarhaan tai tiedemuseoon?
The children are in the playground.
Lapset ovat leikkikentällä.
The swimming pool is closed for the community today.
Uima-allas on tänään suljettu yhteisöltä.
You need to follow the trail alongside the main street to reach the bus station.
Sinun tulee seurata polkua pääkadun varrella päästäksesi linja-autoasemalle.
There is a jail in this county, but not a prison.
Tässä läänissä on putka, mutta ei vankilaa.

ENTERTAINMENT - VIIHDE

Film / movie - Elokuva
Theater (movie theater) - Elokuvateatteri
Actor - Näyttelijä**/ Actress -** Näyttelijätär
Genre – Genre
Subtitles – Tekstitykset
Action film - Toimintaelokuva
Foreign film - Ulkomainen elokuva
Mystery film – Mysteerielokuva
Suspense film – Jännityselokuva
Documentary film - Dokumenttielokuva
Biography - Biografia
Drama film - Draama elokuva
Comedy film - Komediaelokuva
Romance film - Romantiikkaelokuva
Horror film - Kauhuelokuva
Animation film - Animaatioelokuva**/ Cartoon –** Sarjakuva
Director – Ohjaaja**/ Producer -** Tuottaja **/ Audience –** Yleisö

There are three new movies at the theater that I want to see.
Teatterissa on kolme uutta elokuvaa, jotka haluan nähdä.
He is a really good actor.
Hän on todella hyvä näyttelijä.
She is an excellent actress.
Hän on erinomainen näyttelijätär.
That was a good action movie.
Se oli hyvä toimintaelokuva.
We need subtitles if we watch a foreign film.
Tarvitsemme tekstityksiä, jos katsomme ulkomaista elokuvaa.
Mystery or suspense films are usually good movies.
Mysteeri- tai jännityselokuvat ovat yleensä hyviä elokuvia.
I like documentary films. However, comedy-drama or romance films are better.
Pidän dokumenttielokuvista. Komedia-draama tai romanssielokuvat ovat kuitenkin parempia.
Sometimes biographies are boring to watch.
Joskus elämäkertoja on tylsää katsoa.
I like to watch horror movies.
Tykkään katsoa kauhuelokuvia.
It's fun to watch animated movies.
Animaatioelokuvia on hauska katsoa.
The director and the producer can meet the audience today.
Ohjaaja ja tuottaja voivat tavyleisöä tänään.

Entertainment - Viihde
Television - Televisio
A show (as in television) **-** Ohjelma
A show (as in live performance) **-** Esitys
Channel – Kanava
Series (in television) **-** Sarjat
Commercial - Kaupallinen
Episode - Jakso
Anchorman - Ankkuri
Anchorwoman - Ankkurinainen
News - Uutiset
News station – Uutisasema
Screening - Seulonta
Live broadcast - Suora lähetys
Broadcast - Lähetys
Headline - Otsikko
Viewer – Katsoja
Speech – Puhe
Script - Käsikirjoitus
Screen - Näyttö
Camera - Kamera

It's time to buy a new television.
On aika ostaa uusi televisio.
This was the first episode of this television show yet it was a long series.
Tämä oli tämän televisio-ohjelman ensimmäinen jakso, mutta se oli pitkä
sarja.
There aren't any commercials on this channel.
Tällä kanavalla ei ole mainoksia.
This anchorman and anchorwoman work for our local news station.
Tämä ankkuri ja ankkurinainen työskentelevät paikallisella uutisasemallamme.
They decided to screen a live broadcast on the news.
He päättivät näyttää suoran lähetyksen uutisissa.
The news station featured the headlines before the program began.
Uutisasemalla oli otsikoita ennen ohjelman alkamista.
Tonight, all the details about the incident were mentioned on the news.
Tänä iltana kaikki tapahtuman yksityiskohdat mainittiin uutisissa.
The viewers wanted to hear the presidential speech today.
Katsojat halusivat kuulla presidentin puheen tänään.
I must read my script in front of the screen and the camera
Minun täytyy lukea käsikirjoitukseni näytön ja kameran edessä
We want to enjoy the entertainment this evening.
Haluamme nauttia viihteestä tänä iltana.

Theater (play) – Teatteri
A musical - Musikaali
A play - Näytelmä
Stage – Vaihe/ **Audition -** Koe
Performance – Esitys
Box office - Lipputulot
Ticket – Lippu
Singer – Laulaja/ **Band –** Bändi
Orchestra - Orkesteri
Opera - Ooppera
Music - Musiikki
Song - Laulu
Musical instrument – Soitin
Drum - Rumpu
Guitar - Kitara
Piano - Piano
Trumpet – Trumpetti
Violin – Viulu
Flute - Huilu
Art - Taide
Gallery - Galleria
Studio - Studio
Museum – Museo

It was a great musical performance.
Se oli hieno musiikkiesitys.
Can I perform for the play on this stage?
Voinko esiintyä näytelmässä tällä lavalla?
She is the lead singer of the band.
Hän on yhtyeen päälaulaja.
I will go to the box office tomorrow to purchase tickets for the opera.
Menen huomenna lipunmyyntiin ostamaan lippuja oopperaan.
The orchestra needs to perform below the stage.
Orkesterin tulee esiintyä lavan alla.
I like to listen to this type of music. I hope to hear a good song.
Tykkään kuunnella tämän tyyppistä musiikkia. Toivon kuulevani hyvän biisin.
The common musical instruments that are used in a concert are drums, guitars, pianos, trumpets, violins, and flutes.
Yleisimpiä konsertissa käytettyjä soittimia ovat rummut, kitarat, pianot, trumpetit, viulut ja huilut.
The art gallery has a studio for rent.
Taidegallerian yhteydessä on vuokrattava studio.
I went to an art museum yesterday.
Kävin eilen taidemuseossa.

FOOD - RUOKA

Grocery store - Ruokakauppa/ **Market** - Markkinat
Supermarket - Supermarket
Groceries - Päivittäistavarat
Butcher shop - Lihakauppa/ **Butcher** - Teurastaja
Bakery - Leipomo/ **Baker** - Leipuri
Breakfast – Aamiainen/ **Lunch** – Lounas/ **Dinner** – Illallinen
Meat - Liha/ **Chicken** - Kana
Seafood – Meren antimet
Egg – Muna/ (plural) munat
Milk - Maito/ **Butter** – Voi/ **Cheese** - Juusto
Bread - Leipä
Flour - Jauhot / **Oil** - Öljy
Baked - Paistettu
Cake - Kakku
Beer - Olut/ **Wine** – Viini
Cinnamon - Kaneli / **Powder** - Jauhe
Mustard - Sinappi

Where is the nearest grocery store?
Missä on lähin ruokakauppa?
Where can I buy meat and chicken?
Mistä voin ostaa lihaa ja kanaa?
We need to buy flour, eggs, milk, butter, and oil to bake my cake.
Meidän täytyy ostaa jauhoja, munia, maitoa, voita ja öljyä leipoaksemme
kakun.
The groceries are already in the car.
Elintarvikkeet ovat jo autossa.
We drink beer or wine during the meal.
Juomme olutta tai viiniä aterian aikana.
The rolls are covered with cinnamon.
Sämpylät peitetään kanelilla.
The butcher shop is near the bakery.
Lihakauppa on lähellä leipomoa.
I have to go to the market, to buy a half kilo of meat.
Minun täytyy mennä torille ostamaan puoli kiloa lihaa.
For lunch, we can eat seafood, and pasta for dinner.
Lounaaksi voimme syödä mereneläviä ja illalliseksi pastaa.
I usually eat bread with a slice of cheese for breakfast.
Syön yleensä aamiaiseksi leipää juustoviipaleella.
I like ketchup and mustard on my hotdog.
Pidän ketsuppista ja sinapista hotdogissani.

Menu - Valikko
Beef - Naudanliha**/ Lamb** - lammas**/ Pork** - Sianliha
Steak - Pihvi
Fish – Kala
Hamburger - Hampurilainen
Water – Vesi
Salad - Salaatti
Soup - Keitto
Appetizer – Alkupala**/ Entrée** – Pääruoka
Cooked - Keitetty
Boiled - Keitetty**/ Fried** - Paistettu
Broiled - Paistettu
Grilled - Grillattu
Raw - Raaka
Dessert – Jälkiruoka
Ice cream - Jäätelö
Coffee – Kahvi**/ Tea** – Tee
Olive oil – Oliiviöljy
Juice - Mehu
Honey - Hunaja
Sugar - Sokeri

Do you have a menu in English?
Onko sinulla englanninkielinen menu?
Which is preferable, the fried fish or the grilled lamb?
Kumpi on parempi, paistettu kala vai grillattu lammas?
I want to order a cup of water, a soup for my appetizer, and pizza for my entrée.
Haluan tilata kupin vettä, keittoa alkupalaksi ja pizzaa .pääruuaksi
I want to order a steak for myself, a hamburger for my son, and ice cream for my wife.
Haluan tilata pihvin itselleni, hampurilaisen pojalleni ja jäätelöä vaimolleni.
What type of dessert is included with my coffee?
Millainen jälkiruoka sisältyy kahviini?
Can I order a salad with a hard boiled egg and olive oil on the side?
Voinko tilata salaattia, jossa on kovaksi keitetty kananmuna ja oliiviöljyä?
Is the piece of fish in the sushi cooked or raw?
Onko sushissa oleva kalapala kypsennetty vai raaka?
I want to order a fruit juice instead of a soda.
Haluan tilata hedelmämehua limsan sijaan.
I want to order tea with a teaspoon of honey instead of sugar.
Haluan tilata teetä, jossa on teelusikallinen hunajaa sokerin sijaan.
The tip is 15% at this restaurant.
Tippi on 15% tässä ravintolassa.

Vegetarian - Kasvissyöjä
Vegan – Vegaani
Dairy - Meijeri/ **Dairy products** - Maitotuotteet
Salt - Suola/ **Pepper** - Pippuri
Flavor - Maku
Spices - Mausteet
Nuts - Pähkinät / **Peanuts** - Maapähkinät
Sauce - Kastike
Sandwich - Voileipä
Mayonnaise - Majoneesi
Rice - Riisi
Fries - Ranskalaiset
Soy - Soija
Jelly - Hyytelö
Chocolate - Suklaa/ **Cookie** - Keksi/ **A candy** - Karamelli
Whipped cream - Kermavaahto
Popsicle - Mehujää
Frozen - Pakastettu/ **Thawed** – Sulatettu

I don't eat meat because I am a vegetarian.
En syö lihaa, koska olen kasvissyöjä.
My brother won't eat dairy products because he is a vegan.
Veljeni ei syö maitotuotteita, koska hän on vegaani.
Food tastes much better with salt, pepper, and other spices.
Ruoka maistuu paljon paremmalta suolan, pippurin ja muiden mausteiden kanssa.
The only things I have in my freezer are popsicles.
Ainoat asiat, joita minulla on pakastimessa, ovat mehujää.
No chocolate, candy, or whipped cream until after dinner.
Ei suklaata, karkkia tai kermavaahtoa vasta illallisen jälkeen.
I want to try a sample of that piece of cheese.
Haluan kokeilla maistiaisen tuosta juustopalasta.
I have allergies to nuts and peanuts.
Olen allerginen pähkinöille ja maapähkinöiile.
This sauce is delicious.
Tämä kastike on herkullinen.
Why do you always put mayonnaise on your sandwich?
Miksi laitat aina majoneesia voileipäsi päälle?
The food is still frozen so we need to wait for it to thaw.
Ruoka on edelleen jäässä, joten meidän on odotettava sen sulamista.
Please bring me a bowl of cereal and a slice of toasted bread with jelly.
Tuo minulle kulho muroja ja siivu paahdettua leipää hyytelöllä.
It's healthier to eat rice than fries.
On terveellisempää syödä riisiä kuin ranskalaisia.

VEGETABLES - VIHANNEKSET

Tomato - Tomaatti/ **Carrot** - Porkkana/ **Lettuce** - Salaatti
Radish - Retiisi / **Beet** - Punajuuri/ **Chard** - Chard
Eggplant - Munakoiso
Bell Pepper – Paprika/ **Hot pepper** –Tulinen paprika
Celery - Selleri
Spinach - Pinaatti
Cabbage - Kaali/ **Cauliflower** - Kukkakaali
Beans – Pavut
Corn - Maissi
Garlic - Valkosipuli/ **Onion** - Sipuli
Artichoke - Artisokka
Grilled vegetables – Grillatut kasvikset
Steamed vegetables – Höyrytetyt vihannekset

Grilled vegetables or steamed vegetables are popular side dishes at restaurants.
Grillatut kasvikset tai höyrytetyt kasvikset ovat suosittuja lisukkeita ravintoloissa.
There are carrots, bell peppers, lettuce, and radishes in my salad.
Salaatissani on porkkanaa, paprikaa, salaattia ja retiisiä.
It's not hard to grow tomatoes.
Tomaattien kasvattaminen ei ole vaikeaa.
Eggplant can be cooked or fried.
Munakoiso voidaan keittää tai paistaa.
I like beets in my salad.
Pidän punajuurista salaatissani.
I don't like to eat hot peppers.
En tykkää syödä tulista paprikaa.
Celery and spinach have natural vitamins.
Selleri ja pinaatti sisältävät luonnollisia vitamiineja.
Fried cauliflower tastes better than fried cabbage.
Paistettu kukkakaali maistuu paremmalta kuin paistettu kaali.
Rice and beans are my favorite side dish.
Riisi ja pavut ovat suosikkilisukkeeni.
I like butter on corn.
Pidän voista maissin päällä.
Garlic is an important ingredient in many cuisines.
Valkosipuli on tärkeä ainesosa monissa keittiöissä.
Where is the onion powder?
Missä on sipulijauhe?
An artichoke is difficult to peel.
Artisokka on vaikea kuoria.

Cucumber – Kurkku
Lentils - Linssit
Peas - Herneet
Green onion – Vihreä sipuli
Herbs - Yrtit
Basil - Basilika
Parsley - Persilja/ **Cilantro -** Korianteri
Dill - Tilli/ **Mint -** Minttu
Potatoe – Peruna/ **Sweet Potato -** Bataatti
Mushroom – Sieni
Asparagus - Parsa
Seaweed – Merilevä
Pumpkin – Kurpitsa / **Squash -** Squash / **Zucchini -** Kesäkurpitsa
Chick peas – Kikherneet
Vegetable garden – Kasvispuutarha

I want to order lentil soup.
Haluan tilata linssikeittoa.
Please put the green onion in the refrigerator.
Laita vihreä sipuli jääkaappiin.
The most common kitchen herbs are basil, cilantro, dill, parsley, and mint.
Yleisimmät keittiöyrtit ovat basilika, korianteri, tilli, persilja ja minttu.
Some of the most common vegetables for tempura are sweet potatoes and mushrooms.
Jotkut yleisimmistä tempuran vihanneksista ovat bataatit ja sienet.
I want to order vegetarian sushi with asparagus and cucumber along with a side of seaweed salad.
Haluan tilata kasvissushia parsalla ja kurkulla sekä merileväsalaattia.
I enjoy eating pumpkin seeds as a snack.
Nautin kurpitsansiementen syömisestä välipalana.
I must water my vegetable garden.
Minun täytyy kastella kasvimaani.
The potatoes in the field are ready to harvest.
Perunat pellolla ovat valmiita korjattavaksi.
Chickpeas are a popular ingredient in Middle Eastern food.
Kikherneet ovat suosittu ainesosa Lähi-idän ruoassa.
Is there Zucchini in the soup?
Onko keitossa kesäkurpitsaa?
I like to put ginger dressing on my salad.
Tykkään laittaa inkiväärikastiketta salaatiini.
The tomatoes are fresh but the cucumbers are rotten.
Tomaatit ovat tuoreita, mutta kurkut ovatpilantuneet.

<h1 style="text-align:center">FRUITS - HEDELMÄT</h1>

Apple - Omena
Banana - Banaani
Orange – Appelsiini/ **Grapefruit -** Greippi
Peach - Persikka
Tropical fruit - Trooppiset hedelmät
Papaya - Papaija/ **Coconut -** Kookos
Cherry - Kirsikka
Raisins - Rusinat/ **Prune -** Luumu
Dates - Taateli / **Fig -** Viikuna
Fruit salad - Hedelmäsalaatti/ **Dried fruit -** Kuivatut hedelmät
Apricot - Aprikoosi
Pear - Päärynä
Avocado - Avokado

Can I add raisins to the apple pie?
Voinko lisätä rusinoita omenapiirakkaan?
Orange juice is a wonderful source of Vitamin C.
Appelsiinimehu on loistava C-vitamiinin lähde.
Grapefruits are extremely beneficial for your health.
Greipit ovat erittäin hyödyllisiä terveydelle.
I have a peach tree in my front yard
Etupihallani on persikkapuu
I bought papayas and coconuts at the supermarket to prepare a fruit salad.
Ostin papaijaa ja kookospähkinöitä supermarketista hedelmäsalaatin valmistamiseksi.
I want to travel to Japan to see the famous cherry blossom.
Haluan matkustaa Japaniin katsomaan kuuluisaa kirsikankukkaa.
Bananas are tropical fruits.
Banaanit ovat trooppisia hedelmiä.
I want to mix dates and figs in my fruit salad.
Haluan sekoittaa taateleita ja viikunoita hedelmäsalaattiini.
Apricots and prunes are my favorite dried fruits.
Aprikoosit ja luumut ovat suosikkini kuivattuja hedelmiä.
Pears are delicious.
Päärynät ovat herkullisia.
The avocado isn't ripe yet.
Avokado ei ole vielä kypsä.
The green apple is very sour.
Vihreä omena on hyvin hapan.
The unripe peach is usually bitter.
Kypsymätön persikka on yleensä katkeraa.

Fruit tree - Hedelmäpuu
Citrus - Sitrus
Lemon - Sitruuna
Lime - Lime
Pineapple - Ananas
Melon - Meloni
Watermelon - Vesimeloni
Strawberry - Mansikka
Berry - Marja
Blueberry - Mustikka
Raspberry - Vadelma
Grapes - Rypäleet
Pomegranate - Granaattiomena
Plum - Luumu
Olive - Oliivi

Strawberries grow during the Spring.
Mansikat kasvavat kevään aikana.
How much does the watermelon juice cost?
Kuinka paljon vesimeloni mehu maksaa?
I have a pineapple plant in a pot.
Minulla on ananaskasvi ruukussa.
Melons grow on the ground.
Melonit kasvavat maassa.
I am going to the fruit-tree section of the nursery today to purchase a few citrus trees.
Menen tänään taimitarhan hedelmäpuuosastolle ostamaan muutaman sitruspuun.
There are many raspberries growing on the bush.
Pensaalla kasvaa paljon vadelmia.
Blueberry juice is very sweet.
Mustikkamehu on erittäin makeaa.
I need to pick the grapes to make the wine.
Minun täytyy poimia viinirypäleet tehdäkseni viiniä.
Pomegranate juice contains a very high level of antioxidants.
Granaattiomenamehu sisältää erittäin paljon antioksidantteja.
Plums are seasonal fruits.
Luumut ovat kauden hedelmiä.
I add either lemon juice or lime juice to my salad.
Lisään salaattiin joko sitruunamehua tai limetin mehua.
I have an olive grove in my backyard.
Minulla on oliivitarha takapihallani.

SHOPPING - OSTOKSET

Clothes - Vaatteet
Clothing store - Vaatekauppa
For sale – Myytävänä
Hat - Hattu
Shirt - Paita
Shoes - Kengät
Skirt - Hame/ **Dress -** Mekko
Pants - Housut
Shorts - Shortsit
Suit - Puku/ **Vest -** Liivi
Tie - Solmio
Uniform - Virkapuku
Belt - Vyö
Socks - Sukat
Gloves - Käsineet
Glasses - lasit/ **Sunglasses -** Aurinkolasit
Size - Koko
Small - Pieni/ **Medium -** Keskikokoinen/ **Large -** Suuri
Thick - Paksu/ **Thin -** Ohut
Thrift store - Säästökauppa

There are a lot of clothes for sale today.
Tänään on myynnissä paljon vaatteita.
Does this hat look good?
Näyttääkö tämä hattu hyvältä?
I am happy with this shirt and these shoes.
Olen tyytyväinen tähän paitaan ja näihin kenkiin.
She prefers a skirt instead of a dress.
Hän suosii hametta mekon sijaan.
These pants aren't my size.
Nämä housut eivät ole minun kokoani.
Where can I find a thrift store? I want to buy a suit, a vest, and a tie.
Mistä löydän säästökaupan? Haluan ostaa puvun, liivin ja solmion.
There are uniforms for school at the clothing store.
Vaatekaupassa on kouluun univormut.
I forgot my socks, belt, and shorts at your house.
Unohdin sukkani, vyöni ja shortsini kotiisi.
These gloves are a size too small. Do you have a medium size?
Nämä hanskat ovat liian pienet. Onko sinulla keskikokoinen?
Today I don't need my reading glasses. However, I have my sunglasses.
Nykyään en tarvitse lukulasejani. Minulla on kuitenkin aurinkolasit.

Jacket - Takki
Scarf - Huivi
Mittens - Rukkaset
Sleeve - Hiha
Boots (rain, winter) - Saappaat
Sweater - Neule
Bathing suit - Uimapuku
Flip flops - Varvastossut
Tank top - Toppi
Sandals - Sandaalit
Heels - Korkokengät
On sale - Myynnissä
Expensive - Kallista
Free - Ilmainen/ **Discount -** Alennus/ **Cheap -** Halpa
Shopping - Ostokset
Mall - Ostoskeskus

We are going to the mountain today so don't forget your jacket, mittens, and scarf.
Olemme menossa vuorelle tänään, joten älä unohda takkia, lapasia ja huivia.
I have long sleeve shirts and short sleeve shirts.
Minulla on pitkähihaisia paitoja ja lyhythihaisia paitoja.
Boots and sweaters are meant for winter.
Saappaat ja villapaidat on tarkoitettu talveen.
At the beach, I wear a bathing suit and flip flops.
Rannalla käytän uimapukua ja varvastossuja.
I want to buy a tank top for summer.
Haluan ostaa topin kesäksi.
I can't wear heels on the beach, only sandals.
En voi käyttää korkokenkiä rannalla, vain sandaaleja.
What will be on sale tomorrow?
Mitä tulee myyntiin huomenna?
This is free.
Tämä on ilmainen.
Even though this cologne and this perfume are discounted, they are still very expensive.
Vaikka tämä Köln ja tämä hajuvesi ovat alennettuja, ne ovat silti erittäin kalliita.
These items are very cheap.
Nämä tuotteet ovat erittäin halpoja.
I can go shopping only on weekends.
Voin käydä ostoksilla vain viikonloppuisin.
Is the local mall far?
Onko paikallinen ostoskeskus kaukana?

Store - Kauppa
Business hours - Aukioloajat
Open - Avoinna
Closed - Suljettu
Entrance - Sisäänkäynti/ **Exit** – Uloskäynti
Shopping cart - Ostoskori/ **Shopping basket** - Ostoskori
Shopping bag - Ostoskassi
Toy store - Lelukauppa/ **Toy** - Lelu
Book store - Kirjakauppa
Music store - Musiikkikauppa
Jeweler - Jalokivikauppias/ **Jewelry** - Jalokivikauppa
Gold - Kulta/ **Silver** - Hopea
Necklace - Kaulakoru/ **Bracelet** - Rannekoru/ **Diamond** - Timantti
Gift - Lahja
Coin - Kolikko
Antique - Antiikki
Dealer - Jälleenmyyjä

What are your (plural) **business hours?**
Mitkä ovat aukioloaikasi?
What time does the store open?
Mihin aikaan kauppa aukeaa?
What times does the store close?
Mihin aikaan kauppa sulkeutuu?
Where is the entrance?
Missä on sisäänkäynti?
Where is the exit?
Missä on uloskäynti?
My children want to go to the toy store so they can fill up the shopping cart with toys.
Lapseni haluavat mennä lelukauppaan, jotta he voivat täyttää ostoskorin leluilla.
I use a large shopping basket at the supermarket.
Käytän isoa ostoskoria supermarketissa.
There is a sale at the bookstore right now.
Kirjakaupassa on nyt alennusmyynti.
The jeweler sells gold and silver.
Jalokivikauppias myy kultaa ja hopeaa.
I want to buy a diamond necklace.
Haluan ostaa timanttikaulakorun.
This bracelet and those pair of earrings are gifts for my daughter.
Tämä rannekoru ja nuo korvakorut ovat lahja tyttärelleni.
He is an antique coin dealer.
Hän on antiikkikolikoiden kauppias.

FAMILY - PERHE

Mother - Äiti
Father - Isä
Son - Poika/ **Daughter -** Tytär
Brother - Veli
Sister - Sisar
Husband - Aviomies
Wife - Vaimo
Parent - Vanhempi/ **Parents** (plural) **-** Vanhemmat
Child - Lapsi
Baby - Vauva
Grandfather - Isoisä
Grandmother - Isoäiti
Grandparents - Isovanhemmat
Grandson - Pojanpoika
Granddaughter - Tyttärentytär
Grandchildren - Lapsenlapset
Nephew - Veljenpoika/ **Niece -** Sisarentytär
Cousin - Serkku

I have a big family.
Minulla on suuri perhe.
My brother and sister are here.
Veljeni ja siskoni ovat täällä.
The mother and father want to spend time with their child.
Äiti ja isä haluavat viettää aikaa lapsensa kanssa.
He wants to bring his son and daughter to the public park.
Hän haluaa tuoda poikansa ja tyttärensä julkiseen puistoon.
The grandfather wants to take his grandson to the movie.
Isoisä haluaa viedä pojanpoikansa elokuvaan.
The grandmother wants to give her granddaughter money.
Isoäiti haluaa antaa tyttärentyttärelleen rahaa.
The grandparents want to spend time with their grandchildren.
Isovanhemmat haluavat viettää aikaa lastenlastensa kanssa.
The husband and wife have a new baby.
Miehellä ja vaimolla on uusi vauva.
I want to go to the park with my niece and nephew.
Haluan mennä puistoon veljentytären- ja veljenpoikani kanssa.
My cousin wants to see his children.
Serkkuni haluaa nähdä lapsensa.
That man is a good parent.
Mies on hyvä vanhempi.

Aunt - Täti/ **Uncle** - Setä
Man - Mies/ **Woman** - Nainen
Stepfather - Isäpuoli/ **Stepmother** - Äitipuoli
Stepbrother - Velipuoli/ **Stepsister** - Sisarpuoli
Stepson - Poikapuoli/ **Stepdaughter** - Tytärpuoli
In laws - Appivanhemmistani
Ancestors - Esivanhemmat
Family tree - Sukupuu
Generation - Sukupolvi
First born - Esikoinen/ **Only child** - Ainoa lapsi
Relative - Sukulainen/ **Family member** - Perheenjäsen
Twins - Kaksoset
Pregnant - Raskaana
Adopted child - Adoptoitu lapsi
Orphan - Orpo
Adult - Aikuinen
Neighbor - Naapuri/ **Friend** - Ystävä
Roommate - Huonekaveri

My aunt and uncle came here for a visit.
Tätini ja setäni tulivat tänne käymään.
He is their only child.
Hän on heidän ainoa lapsensa.
My wife is pregnant with twins.
Vaimoni on odottaa kaksosia.
He is their eldest son.
Hän on heidän vanhin poikansa.
The first-born child usually takes on all the responsibilities.
Esikoinen ottaa yleensä kaikki vastuut.
I was able to find all my relatives and ancestors on my family tree.
Löysin sukupuustani kaikki sukulaiseni ja esi-isäni.
My parents' generation loved disco music.
Vanhempieni sukupolvi rakasti diskomusiikkia.
Their adopted child was an orphan
Heidän adoptiolapsensa oli orpo
I like my in-laws.
Pidän appivanhemmistani.
I have a nice neighbor.
Minulla on mukava naapuri.
She considers her stepson as her real son.
Hän pitää poikapuoltaan oikeana poikanaan.
She is his stepdaughter.
Hän on hänen tytärpuolensa.

HUMAN BODY - IHMISKEHO

Head - Pää
Face - Kasvot
Eye - Silmä/ **(p)** Silmät
Ear - Korva/ **(p)** Korvat
Nose - Nenä
Mouth - Suu/ **Lips -** Huulet
Tongue - Kieli
Cheek - Poski
Chin - Leuka
Neck - Kaula/ **Throat -** Kurkku
Forehead - Otsa
Eyebrow - Kulmakarvat/ **Eyelashes -** Ripset
Hair - Hiukset/ **Beard -** Parta/ **Mustache -** Viikset
Tooth - Hammas/ **(p)** Hampaat

My chin, cheeks, mouth, lips, and eyes are all part of my face.
Leukani, posket, suuni, huuleni ja silmäni ovat kaikki osa kasvojani.
He has small ears.
Hänellä on pienet korvat.
I have a cold so therefore my nose, eyes, mouth, and tongue are affected.
Minulla on vilustuminen, joten nenäni, silmäni, suuni ja kieleni ovat kärsineet.
The five senses are sight, touch, taste, smell, and hearing.
Viisi aistia ovat näkö, kosketus, maku, haju ja kuulo.
I am washing my face right now.
Pesen kasvoni juuri nyt.
I have a headache
minulla on päänsärkyä
My eyebrows are too long.
Kulmakarvani ovat liian pitkät.
He must shave his beard and mustache.
Hänen on ajettava parta ja viikset.
I brush my teeth every morning.
Pesen hampaat joka aamu.
She puts makeup on her cheeks and a lot of lipstick on her lips.
Hän meikkaa poskilleen ja paljon huulipunaa huulilleen.
Her hair covered her forehead.
Hänen hiuksensa peittivät otsansa.
She has a long neck.
Hänellä on pitkä kaula.
I have a sore throat.
Minulla on kurkkukipua.

Shoulder - Olkapää
Chest - Rinta
Arm - Käsivarsi
Hand - Käsi**/ Palm** (of hand) **-** Kämmen
Elbow - Kyynärpää**/ Wrist -** Ranne
Finger - Sormi
Thumb - Peukalo
Back - Takaisin
Belly - Vatsa**/ Stomach -** Vatsa**/ Intestines -** Suolet
Brain - Aivot**/ Heart -** Sydän**/ Kidneys -** Munuaiset
Lungs - Keuhkot**/ Liver -** Maksa
Leg - Jalka**/ Ankle -** Nilkka**/ Foot -** Jalka**/ Palm** (of foot) **-** Kämmen
Toe - Varvas **/ Nail -** Kynsi
Joint - Nivel **/ Muscle -** Lihas
Spine - Selkä **/Skeleton -** Luuranko**/Bone -** Luu
Ribs - Kylkiluut**/Skull -** Kallo
Skin - Iho
Vein - Suonet

He has a problem with his stomach.
Hänellä on ongelmia vatsansa kanssa.
The brain, heart, kidneys, lungs, and liver are internal organs.
Aivot, sydän, munuaiset, keuhkot ja maksa ovat sisäelimiä.
His chest and shoulders are very muscular.
Hänen rintansa ja olkapäänsä ovat erittäin lihaksikkaat.
I need to strengthen my arms and legs.
Minun täytyy vahvistaa käsiäni ja jalkojani.
I accidentally hit his wrist with my elbow.
Löin vahingossa hänen ranteensa kyynärpäälläni.
I have pain in every part of my body especially in my hand, ankle, and back.
Minulla on kipua kaikissa kehon osissa, erityisesti kädessä, nilkassa ja selässä.
I want to cut my nails.
Haluan leikata kynteni.
I need a new bandage for my thumb.
Tarvitsen uuden siteen peukalolleni.
I have a cast on my foot because of a broken bone.
Minulla on jalkani kipsissä luunmurtuman takia.
I have muscles and joint pain today.
Minulla on tänään lihas- ja nivelkipuja.
The spine is the main part of the body.
Selkäranka on kehon pääosa.
I have beautiful skin.
Minulla on kaunis iho.

Disease - Sairaus
Bacteria - Bakteerit
Sick - Sairas
Clinic - Klinikka
Headache - Päänsärky/ **Earache -** Korvasärky
Pharmacy - Apteekki/ **Prescription -** Resepti
Symptoms - Oireet
Nausea - Pahoinvointi/ **Stomachache -** Vatsasärky
Allergy - Allergia
Penicillin - Penisilliini/ **Antibiotic -** Antibiootti
Sore throat - Kurkkukipu/ **Fever -** Kuume/ **Flu -** Flunssa
Cough - Yskä/ **To cough -** Ystää
Infection - Infektio/ **Injury -** Loukkaantumis/ **Scar -** Arpi
Ache / pain - Kipu
Intensive care - Tehohoito
Bandaid - Laastari/ **Bandage -** Side

Are you in good health?
Oletko hyvässä kunnossa?
These bacteria caused this disease.
Nämä bakteerit aiheuttivat tämän taudin.
He is very sick.
Hän on hyvin sairas.
I have a headache so I must go to the pharmacy to refill my prescription.
Minulla on päänsärkyä, joten minun täytyy mennä apteekkiin täyttämään reseptini.
The main symptoms of food poisoning are nausea and stomach ache.
Ruokamyrkytyksen tärkeimmät oireet ovat pahoinvointi ja vatsakipu.
I have an allergy to penicillin, so I need another antibiotic.
Olen allerginen penisilliinille, joten tarvitsen toisen antibiootin.
What do I need to treat an earache?
Mitä tarvitsen korvakivun hoitoon?
I need to go to the clinic for my fever and sore throat.
Minun täytyy mennä klinikalle kuumeen ja kurkkukivun vuoksi.
The bandage won't help your infection.
Side ei auta tartuntaasi.
I have a serious injury so I must go to intensive care.
Minulla on vakava vamma, joten minun on mentävä tehohoitoon.
I have muscle and joint pains today.
Minulla on tänään lihas- ja nivelkipuja.

Hospital - Sairaala
Doctor - Lääkäri/ **Nurse** - Sairaanhoitaja
Family Doctor - Perhelääkäri/ **Pediatrician** - Lastenlääkäri
Medication - Lääkitys/ **Pills** - Pillerit
Heartburn - Närästys
Paramedic - Ensihoitaja/ **Emergency room** - Päivystyshuone
Health insurance - Sairausvakuutus
Patient - Potilas
Surgery - Leikkaus/ **Surgeon** - Kirurgi/ **Face mask** - Kasvonaamio
Anesthesia - Anestesia
Local anesthesia - Paikallinen anestesia/**General anesthesia** - Yleisanestesia
Wheelchair - Pyörätuoli/**Cane** - Keppi/ **Walker** - Kävelijä/**Stretcher** - Paarit
Dialysis - Dialyysi/ **Insulin** - Insuliini/ **Diabetes** - Diabetes
Temperature - Lämpötila/ **Thermometer** - Lämpömittari
A shot - Laukaus/ **Needle** - Neula/ **Syringe** - Ruisku
In need of - Tarvitsen

Where is the closest hospital?
Missä on lähin sairaala?
Usually we see the nurse before the doctor.
Yleensä tapaamme hoitajan ennen lääkäriä.
The paramedics can take her to the emergency room but she doesn't have health insurance.
Ensihoitajat voivat viedä hänet ensiapuun, mutta hänellä ei ole sairausvakuutusta.
The doctor treated the patient.
Lääkäri hoiti potilasta.
He needs knee surgery today.
Hän tarvitsee polvileikkauksen tänään.
The surgeon needs to administer general anesthesia in order to operate on the patient.
Kirurgin on annettava yleisanestesia voidakseen leikata potilasta.
Does the patient need a wheelchair or a stretcher?
Tarvitseeko potilas pyörätuolin tai paarit?
I have to take medicine every day.
Joudun syömään lääkkeitä joka päivä.
Do you have any pills for heartburn?
Onko sinulla pillereitä närästykseen?
Where is the closest dialysis center?
Missä on lähin dialyysikeskus?
The doctor didn't prescribe insulin for my diabetes.
Lääkäri ei määrännyt insuliinia diabetekseeni.
I need a thermometer to take my temperature.
Tarvitsen lämpömittarin mittaamaan lämpötilani.

Stroke - Aivohalvaus
Blood - Veri/ **Blood pressure -** Verenpaine
Heart attack - Sydänkohtaus
Cancer - Syöpä/ **Chemotherapy -** Kemoterapia
Help - Apua
Germs - Bakteerit
Virus - Virus
Vaccine - Rokote/ **A cure -** Lääke/ **To cure -** Parantaa
Cholesterol - Kolesteroli/ **Nutrition -** Ravinto/ **Diet -** Ruokavalio
Blind - Sokea/ **Deaf -** Kuuro/ **Mute -** Mykistä
Young - Nuori/ **Elderly -** Vanhukset
Fat - Rasva/ **Skinny** (person) **-** Laiha
Nursing home - Hoitokoti
Disability, handicap - Vamma/ **Paralysis -** Halvaus
Depression - Masennus/ **Anxiety -** Ahdistuneisuus
Dentist - Hammaslääkäri
X-ray - Röntgenkuva
Tooth cavity - Hampaiden ontelo
Tooth paste - Hammastahna/ **Tooth brush -** Hammasharja

A stroke is caused by a lack of blood flow to the brain.
Aivohalvaus johtuu aivojen verenkierron puutteesta.
These are the symptoms of a heart attack.
Nämä ovat sydänkohtauksen oireita.
Chemotherapy is for treating cancer.
Kemoterapia on tarkoitettu syövän hoitoon.
Proper nutrition is very important and you must avoid foods that are high in cholesterol.
Oikea ravitsemus on erittäin tärkeää, ja sinun on vältettävä runsaasti kolesterolia sisältäviä ruokia.
I am starting my diet today.
Aloitan ruokavalioni tänään.
There is no cure for this virus, only a vaccine.
Tähän virukseen ei ole parannuskeinoa, vain rokote.
The nursing home is open 365 days a year.
Hoitokoti on avoinna 365 päivää vuodessa.
I don't like suffering from depression and anxiety.
En tykkää kärsiä masennuksesta ja ahdistuksesta.
Soap and water kill germs.
Saippua ja vesi tappavat bakteereita.
The dentist took X-rays of my teeth to check for cavities.
Hammaslääkäri otti röntgenkuvat hampaistani tarkistaakseen reikien varalta.
In the morning I put tooth paste on my toothrbush.
Aamulla laitoin hammastahnaa hammaspenskaani.

EMERGENCY & DISASTERS - HÄTÄTILANTEET JA KATASTURIT

Help - Apua
Fire - Tuli
Ambulance - Ambulanssi
First aid - Ensiapu / **CPR -** CPR
Emergency number - Hätänumero
Accident - Onnettomuus/ **Car crash -** Autokolari
Death - Kuolema/ **Deadly -** Tappava/ **Fatality -** Kuolema
Lightly wounded - Kevyesti haavoittunut
Moderately wounded - Keskivaikeasti haavoittunut
Seriously wounded - Vakavasti haavoittunut
Fire truck - Paloauto/ **Siren -** Sireeni
Fire extinguisher - Sammutin
Police - Poliisi/ **Police station -** Poliisiasema
Robbery - Ryöstö
Thief - Varas/ **Murderer -** Murhaaja

There is a fire. I need to call for help.
Siellä on tulipalo. Minun täytyy soittaa apua.
Where is the fire extinguisher?
Missä on sammutin?
I need to call an ambulance.
Täytyy soittaa ambulanssi.
That accident was bad.
Se onnettomuus oli paha.
The thief wants to steal my money.
Varas haluaa varastaa rahani.
The car crash was fatal, there were two deaths, and four suffered serious injuries.
Kolarissa kuoli kaksi ja neljä loukkaantui vakavasti.
One was moderately wounded and two were lightly wounded.
Yksi haavoittui kohtalaisesti ja kaksi lievästi.
CPR is a first step of first-aid.
Elvytys on ensiavun ensimmäinen vaihe.
Please provide me with the emergency number.
Anna minulle hätänumero.
The police are on their way.
Poliisi on matkalla.
I must call the police station to report a robbery.
Minun täytyy soittaa poliisiasemalle ja ilmoittaa ryöstöstä.
The siren of the fire truck is very loud.
Paloauton sireeni on erittäin kova.

Fire hydrant - Paloposti
Fireman - Palomies
Emergency situation - Hätätilanne
Explosion - Räjähdys
Rescue - Pelastus
Natural disaster - Luonnonkatastrofi
Destruction - Tuhoaminen
Damage - Vahinko
Hurricane - Hurrikaani
Tornado - Tornado
Flood - Tulva
Overflow (water) **-** Ylivuoto
Storm - Myrsky
Snowstorm - Lumimyrsky
Hail - Tervehdys
Bomb shelter - Pommisuoja
Refuge - Turvapaikka
Cause - Syy
Safety - Turvallisuus
Epidemic - Epidemia
Pandemic - Pandemia

It's prohibited to park by the fire hydrant in case of a fire.
Palopostin viereen pysäköiminen tulipalon sattuessa on kielletty.
When there is a fire, the first to arrive on scene are the firemen.
Tulipalon syttyessä palomiehet saapuvat ensimmäisenä paikalle.
There is a fire. I must call for help.
Siellä on tulipalo. Minun täytyy kutsua apua.
In an emergency situation everyone needs to be rescued.
Hätätilanteessa kaikki on pelastettava.
The gas explosion led to a natural disaster.
Kaasuräjähdys johti luonnonkatastrofiin.
During a siren you need to run to the bomb shelter.
Sireenin aikana sinun täytyy juosta pommisuojalle.
The hurricane caused a lot of damage and destruction in its path.
Hurrikaani aiheutti tielleen paljon vahinkoa ja tuhoa.
The tornado destroyed the town.
Tornado tuhosi kaupungin.
There were three days of flooding following the storm.
Myrskyn jälkeen oli kolme päivää tulvia.
This is a snowstorm and not a hail storm.
Tämä on lumimyrsky eikä rakeita.

Danger - Vaara
Dangerous - Vaarallinen
A warning - Varoitus
Warning! - Varoitus!
Earthquake - Maanjäristys
Disaster - Katastrofi
Disaster area - Katastrofialue
Mandatory - Pakollinen
Evacuation - Evakuointi
Safe place - Turvallinen paikka
Blackout - Pimennys
Rainstorm - Sademyrsky
Avalanche - Lumivyöry
Heatwave - Helleaalto
Rip current - Rip-virta
Tsunami - Tsunami
Whirlpool - Poreallas
Lightning - Salama
Thunder - Ukkonen
Drought - Kuivuus
Famine - Nälänhätä
Poverty - Köyhyys

We need to stay in a safe place during the earthquake.
Meidän on pysyttävä turvallisessa paikassa maanjäristyksen aikana.
Heatwaves are usually in the summer.
Helleaallot ovat yleensä kesällä.
This is a disaster area, therefore there is a mandatory evacuation order.
Tämä on katastrofialue, joten siellä on pakollinen evakuointimääräys.
There was a blackout for three hours due to the rainstorm.
Myrskyn vuoksi sähkökatkos oli kolme tuntia.
Be careful during the snowstorm, because there might be an avalanche.
Ole varovainen lumimyrskyn aikana, koska siellä voi olla lumivyöry.
There is a tsunami warning today.
Tänään on tsunamivaroitus.
You can't swim against a rip current.
Et voi uida repeämävirtaa vastaan.
There is a dangerous whirlpool in the ocean.
Meressä on vaarallinen poreallas.
There is a risk of lightning today.
Nykyään on olemassa salaman vaara.
The drought led to famine and a lot of poverty.
Kuivuus johti nälänhätään ja suureen köyhyyteen.

HOME - KOTI

Living room - Olohuone
Couch - Sohva
Sofa - Sohva
Door - Ovi
Closet - Kaappi
Stairway - Portaat
Rug - Matto
Curtain - Verho
Window - Ikkuna
Floor - Kerros
Floor (as in level) **-** Lattia
Fireplace - Takka
Chimney - Savupiippu
Candle - Kynttilä
Laundry detergent - Pyykinpesuaine
Pantry - Ruokakomero

The living room is missing a couch and a sofa.
Olohuoneesta puuttuu sohva ja sohva.
I must buy a new door for my closet.
Minun täytyy ostaa uusi ovi kaappiini.
The spiral staircase is beautiful.
Kierreportaat ovat kauniit.
There aren't any curtains on the windows.
Ikkunoissa ei ole verhoja.
I have a marble floor on the first floor and a wooden floor on the second floor.
Minulla on marmorilattia ensimmäisessä kerroksessa ja puulattia toisessa kerroksessa.
I can only light this candle now.
Voin vain sytyttää tämän kynttilän nyt.
The fire sparkles in the fireplace.
Tuli kimaltelee takassa.
I can clean the floors today and then I want to arrange the closet.
Voin siivota lattiat tänään ja sitten haluan järjestää vaatekaapin.
I have to wash the rug with laundry detergent.
Minun täytyy pestä matto pyykinpesuaineella.
There is canned food in the pantry.
Ruokakomerossa on säilykkeitä.

Silverware - Hopeaesineet
Knife - Veitsi
Spoon - Lusikka
Fork - Haarukka
Teaspoon - teelusikka
Kitchen - Keittiö
A cup - Kuppi
A mug - Muki
Plate - Lauta
Bowl - Kulho
Little bowl - Pieni kulho
Napkin - Lautasliina
Table - Pöytä
Placemat - Pistematto
Table cloth - Pöytäliina
Glass (material) **-** Lasi
A glass (cup) **-** Lasi
Oven - Uuni
Stove - Liesi
Pot (cooking) **-** Pata
Pan - Kattil
Shelve - Hylly
Cabinet - Kaappi
Drawer - Laatikko

The knives, spoons, teaspoons, and forks are inside the drawer in the kitchen.
Veitset, lusikat, teelusikat ja haarukat ovat keittiön laatikon sisällä.
There aren't enough cups, plates, and silverware on the table for everyone.
Pöydällä ei ole tarpeeksi kuppeja, lautasia ja hopeaesineitä kaikille.
The napkin is underneath the bowl.
Lautasliina on kulhon alla.
The placemats are on the table.
Astiat ovat pöydällä.
The table cloth is beautiful.
Pöytäliina on kaunis.
The pizza is in the oven.
Pizza on uunissa.
The pots and pans are in the cabinet.
Kattilat ja pannut ovat kaapissa.
The stove isn't functioning.
Liesi ei toimi.

Bedroom - Makuuhuone
Bed - Sänky
Mattress - Patja
Blanket - Peitto
Bed sheet - Lakanat
Pillow - Tyyny
Mirror - Peili
Chair - Tuoli
Dining room - Ruokasali
Hallway - Käytävä
Downstairs - Alakerta
Towel - Pyyhe
Bathroom - Kylpyhuone
Bathtub - Kylpyamme
Shower - Suihku
Sink - Pesuallas/ **Faucet** - Hana
Soap - Saippua
Bag - Laukku
Box - Laatikko

The master bedroom is at the end of the hallway, and the dining room is downstairs.
Päämakuuhuone on käytävän päässä ja ruokasali alakerrassa.
The mirror looks good in the bedroom.
Peili näyttää hyvältä makuuhuoneessa.
I have to buy a new bed and a new mattress.
Minun täytyy ostaa uusi sänky ja uusi patja.
Where are the blankets and bed sheets?
Missä ovat peitot ja lakanat?
My pillows are on the chair.
Tyynyni ovat tuolilla.
These towels are for drying your hand.
Nämä pyyhkeet on tarkoitettu käsien kuivaamiseen.
The bathtub, shower, and the sink are old.
Kylpyamme, suihku ja pesuallas ovat vanhoja.
I need soap to wash my hands.
Tarvitsen saippuaa käsien pesuun.
The guest bathroom is in the corner of the hallway.
Vieraskylpyhuone on käytävän kulmassa.
How many boxes does he have?
Kuinka monta laatikkoa hänellä on?
I want to put my things in the plastic bag.
Haluan laittaa tavarani muovipussiin.

Room - Huone
Balcony - Parveke
Roof - Katto
Ceiling - Katto
Wall - Seinä
Carpet - Matto
Attic - Ullakko
Basement - Kellari
Trash - Roskakori
Garbage can - Roskakori
Driveway - Ajotie
Garden - Puutarha
Backyard - Takapiha
Shelve - Hylly
Jar - Purkki
Toothpicks - Hammastikku
Doormat - Ovimatto
Key - Avain

The glasses on the shelve are used for champagne, not wine.
Hyllyllä olevia laseja käytetään samppanjaan, ei viiniin.
I can install new windows for my balcony.
Voin asentaa uudet ikkunat parvekkeelleni.
I must install a new roof.
Täytyy asentaa uusi katto.
The color of my ceiling is white.
Katon väri on valkoinen.
I must paint the walls.
Minun täytyy maalata seinät.
The attic is an extra room in the house.
Ullakko on ylimääräinen huone talossa.
The kids are playing either in the basement or the backyard.
Lapset leikkivät joko kellarissa tai takapihalla.
All the glass jars are outside on the doormat.
Kaikki lasipurkit ovat ulkona ovimaton päällä.
The garbage can is blocking the driveway.
Roskakori tukkii ajotieltä.
Where are the toothpicks?
Missä hammastikut ovat?
I need to bring my keys.
Minun täytyy tuoda avaimet.

Conclusion

You have now learned a wide range of sentences in relation to a variety of topics such as the home and garden. You can discuss the roof and ceiling of a house, plus natural disasters like hurricanes and thunderstorms.

The combination of sentences can also work well when caught in a natural disaster and having to deal with emergency issues. When the electricity gets cut you can tell your family or friends, "I can only light this candle now." As you're running out of the house, remind yourself of the essentials by saying, "I need to bring my keys with me."

If you need to go to a hospital, you have now been provided with sentences and the vocabulary for talking to doctors and nurses and dealing with surgery and health issues. Most importantly, you can ask, "What is the emergency number in this country?" When you get to the hospital, tell the health services, "The hurricane caused a lot of destruction and damage in its path," and "We used the hurricane shelter for refuge."

The three hundred and fifty words that you learned in part 1 should have been a big help to you with these new themes. When learning the Finnish language, you are now more able to engage with people in Finnish, which should make your travels flow a lot easier.

Part 3 will introduce you to additional topics that will be invaluable to your journeys. You will learn vocabulary in relation to politics, the military, and the family. The three books in this series all together provide a flawless system of learning the Finnish language. When you visit Finland, you will now have the capacity for greater conversational learning.

When you proceed to Part 3 you will be able to expand your vocabulary and conversational skills even further. Your range of topics will expand to the office environment, business negotiations and even school.

Please, feel free to post a review in order to share your experience or suggest feedback as to how this method can be improved.

Conversational Finnish
Quick and Easy
The Most Innovative Technique to Learn the Finnish Language

Part III

YATIR NITZANY

Introduction to the Program

You have now reached Part 3 of Conversational Finnish Quick and Easy. In Part 1 you learned the 350 words that could be used in an infinite number of combinations. In Part 2 you moved on to putting these words into sentences. You learned how to ask for help when your house was hit by a hurricane and how to find the emergency services. For example, if you need to go to a hospital, you have now been provided with sentences and the vocabulary for talking to doctors and nurses and dealing with surgery and health issues. When you get to the hospital, you can tell the health services, "The hurricane caused a lot of destruction and damage in its path," and "We used the hurricane shelter for refuge."

In this third book in the series, you will find the culmination of this foreign language course that is based on a system using key phrases used in day-to-day life. You can now move on to further topics such as things you would say in an office. This theme is ideal if you've just moved to Finnish for a new job. You may be about to sit at your desk to do an important task assigned to you by your boss but you have forgotten the details you were given. Turn to your colleagues and say, "I have to write an important email but I forgot my password." Then, if the reply is "Our secretary isn't here today. Only the receptionist is here but she is in the bathroom," you'll know what is being said and you can wait for help. By the end of the first few weeks, you'll have at your disposal terminology that can help reflect your experiences. "I want to retire already," you may find yourself saying at coffee break on a Monday morning after having had to go to your bank manager and say, "I need a small loan in order to pay my mortgage this month."

I came up with the idea of this unique system of learning foreign languages as I was struggling with my own attempt to learn Finnish. When playing around with word combinations I discovered 350 words that when used together could make up an infinite number of sentences. From this beginning, I was able to start speaking in a new language. I then practiced and found that I could use the same technique with other languages, such as Spanish, French, Italian and Arabic. It was a revelation.

This method is by far the easiest and quickest way to master other languages and begin practicing conversational language skills.

The range of topics and the core vocabulary are the main components of this flawless learning method. In Part 3 you have a chance to learn how to relate to people in many more ways. Sports, for example, are very important for keeping healthy and in good spirits. The social component of these types of activities should not be underestimated at all. You will, therefore, have much help when you meet some new people, perhaps in a bar, and want to say to them, "I like to watch basketball games," and "Today are the finals of the Olympic Games. Let's see who wins the World Cup."

For sports, the office, and for school, some parts of conversation are essential. What happens when you need to get to work but don't have any clean clothes to wear because of malfunctions with the machinery. What you need is to be able to pick up the phone and ask a professional or a friend, "My washing machine and dryer are broken so maybe I can wash my laundry at the public laundromat." When you finally head out after work for some drinks and meet a nice new man, you can say, "You can leave me a voicemail or send me a text message."

Hopefully, these examples help show you how reading all three parts of this series in combination will prepare you for all you need in order to boost your conversational learning skills and engage with others in your newly learned language. The first two books have been an important start. This third book adds additional vocabulary and will provide the comprehensive knowledge required.

OFFICE - TOIMISTO

Boss - Pomo
Employee(s) - Työntekijä(t)
Staff - Henkilökunta
Meeting - Kokous
Conference room - Kokoustila
Secretary - Sihteeri/ **Receptionist -** Vastaanottovirkailija
Schedule - Aikataulu
Calendar - Kalenteri
Supplies - Tarvikkeet
Pencil - Lyijykynä/ **Pen -** Kynä/ **Ink -** Muste/ **Eraser -** Pyyhekumi
Desk - Työpöytä/ **Cubicle -** Kaappi/ **Chair -** Tuoli
Office furniture - Toimistokalusteet
Business card - Käyntikortti
Lunch break - Lounastauko
Days off - Vapaapäivät
Briefcase - Salkku
Bathroom - Kylpyhuone

My boss asked me to hand in the paperwork.
Pomoni pyysi minua toimittamaan paperit.
Our secretary isn't here today. The receptionist is here but she is in the bathroom.
Sihteerimme ei ole täällä tänään. Vastaanottovirkailija on täällä, mutta hän on kylpyhuoneessa.
The employee meeting can take place in the conference room.
Työntekijäkokous voidaan järjestää kokoushuoneessa.
My business cards are inside my briefcase.
Käyntikorttini ovat salkussani
The office staff must check their work schedule daily.
Toimistohenkilökunnan tulee tarkistaa työaikataulunsa päivittäin.
I am going to buy office furniture.
Aion ostaa toimistokalusteita.
There isn't any ink in this pen.
Tässä kynässä ei ole mustetta.
This pencil is missing an eraser.
Tästä kynästä puuttuu pyyhekumi.
Our days off are written on the calendar.
Vapaapäivämme on kirjoitettu kalenteriin.
I need to buy extra office supplies.
Minun täytyy ostaa ylimääräisiä toimistotarvikkeita.
I am busy until my lunch break.
Olen kiireinen lounastaukoon asti.

Laptop - Kannettava tietokone
Computer - Tietokone
Keyboard - Näppäimistö
Mouse - Hiiri
Email - Sähköposti
Password - Salasana
Attachment - Liite
Printer - Tulostin
Colored printer - Värillinen tulostin
To download - Lataaminen
To upload - Lataaminen
Internet - Internet
Account - Tili
A copy - Kopio/ **To copy -** Kopioida
Paste - Liitä
Fax - Faksi
Scanner - Skanneri/ **To scan -** Skannata
Telephone - Puhelin
Charger - Laturi/ **To charge** (a phone) - Lataa

I want to write an important email but I forgot my password for my account.
Haluan kirjoittaa tärkeän sähköpostin, mutta unohdin salasanani tililleni.
I need to purchase a computer, a keyboard, a printer, and a desk.
Minun on ostettava tietokone, näppäimistö, tulostin ja työpöytä.
Where is the mouse on my laptop?
Missä kannettavassani on hiiri?
The internet is slow today therefore it's difficult to upload or download.
Internet on nykyään hidas, joten sen lataaminen tai lataaminen on vaikeaa.
Do you have a colored printer?
Onko sinulla värillinen tulostin?
I needed to fax the contract but instead, I decided to send it as an attachment in the email.
Minun piti faksata sopimus, mutta sen sijaan päätin lähettää sen sähköpostin liitteenä.
One day, the fax machine will be completely obsolete.
Eräänä päivänä faksilaite on täysin vanhentunut.
Where is my phone charger?
Missä puhelimeni laturi on?
The scanner is broken.
Skanneri on rikki.
The telephone is behind the chair.
Puhelin on tuolin takana.

Shredder - Silppuri
Copy machine - Kopiokone
Filing cabinet - Arkistokaappi
Paper - Paperi, **(p)** paperit/ **Page** - Sivu, (p) sivuja
Paperwork - Paperityö
Portfolio - Portfolio
Files - Tiedostot
Document - Asiakirja
Contract - Sopimus
Records - Levyjä/ **Archives** - Arkisto
Deadline - Määräaika
Binder – Kansio
Paper clip - Paperiliitin
Stapler - Nitoja/ **Staples** - Niitit
Stamp - Leima
Mail - Posti
Letter - Kirje
Envelope - Kirjekuori
Data - Tiedot
Analysis - Analyysi
Highlighter - Korostaja/ **Marker** - Merkki/ **To highlight** - Korostaa
Ruler - Hallitsija

The supervisor at our company is responsible for data analysis.
Tietojen analysoinnista vastaa yrityksemme esimies.
The copy machine is next to the telephone.
Kopiokone on puhelimen vieressä.
I can't find my stapler, paper clips, nor my highlighter in my cubicle.
En löydä kaapistani nitojani, paperiliittimiä enkä korostusvaloa.
The filing cabinet is full of documents.
Arkistokaappi on täynnä asiakirjoja.
The garbage can is full.
Roskakori on täynnä.
Give me the file because today is the deadline.
Anna minulle tiedosto, koska tänään on määräaika.
Where do I put the binder?
Mihin laitan Kansion
The ruler is next to the shredder.
Viivain on silppurin vieressä.
I need a stamp and an envelope.
Tarvitsen postimerkin ja kirjekuoren.
There is a letter in the mail.
Postissa on kirje.

SCHOOL - KOULU

Student - Opiskelija
Teacher - Opettaja
Substitute teacher – sijaisopettaja
A class - A luokka
A classroom - Luokkahuone
Education - Koulutus
Private school - Yksityinen koulu
Public school - Julkinen koulu
Elementary school - Peruskoulu
Middle school - Yläkoulu
High school - Lukio
University - Yliopisto**/ College -** College
Grade (level) **-** Luokka**/ Grade** (grade on a test) **-** Arvosana
Pass - Passi**/ Fail -** Epäonnistuminen
Absent - Poissa**/ Present -** Läsnä

The classroom is empty.
Luokkahuone on tyhjä.
I want to bring my laptop to class.
Haluan tuoda kannettavani luokkaan.
Our math teacher is absent and therefore a substitute teacher replaced him.
Matematiikan opettajamme on poissa ja siksi hänen tilalleen tuli .sijaisopettaja
All the students are present.
Kaikki opiskelijat ovat paikalla.
Make sure to pass your classes because you can't fail this semester.
Muista läpäistä tunnit, koska et voi epäonnistua tällä lukukaudella.
The education level at a private school is much more intense.
Yksityiskoulun koulutustaso on paljon intensiivisempi.
I went to a public elementary and middle school.
Kävin julkisessa perus- ja yläkoulussa.
I have good memories of high school.
Minulla on hyvät muistot lukiosta.
My son is 15 years old and he is in the ninth grade.
Poikani on 15-vuotias ja hän on yhdeksännellä luokalla.
You must get good grades on your report card.
Sinun on saatava hyvät arvosanat raporttikorttiisi.
College textbooks are expensive.
Yliopiston oppikirjat ovat kalliita.
I want to study at an out-of-state university.
Haluan opiskella ulkomaisessa yliopistossa.

Subject - Aihe
Science - Tiede/ **Chemistry -** Kemia/ **Physics -** Fysiikka
Geography - Maantiede
History - Historia
Math - Matematiikka
Addition - Lisäys / **Subtraction -** Vähennys
Division - Jako
Multiplication - Kertominen
Language - Kieli/ **English -** Englanti/ **Foreign language -** Vieras kieli
Physical education - Liikunta
Chalk - Liitu/ **Board -** Hallitus
Report card - Raporttikortti
Alphabet - Aakkoset/ **Letters -** Kirjaimet/ **Words -** Sanat
To review - Arvosteltavaksi
Dictionary - Sanakirja
Detention - Säilöönotto
The principle - Periaate

At school, geography is my favorite class, English is easy, math is hard, and history is boring.
Koulussa maantiede on suosikkiluokkani, englanti on helppoa, matematiikka vaikeaa ja historia on tylsää.
After English class, there is physical education.
Englannin tunnin jälkeen on liikuntakasvatus.
Today's math lesson is on addition and subtraction. Next month it will be division and multiplication.
Tämän päivän matematiikan oppitunnilla käsitellään yhteen- ja vähennyslaskua. Ensi kuussa on jako ja kertolasku.
This year for foreign language credits, I want to choose Spanish and French.
Tänä vuonna vieraiden kielten opintoihin haluan valita espanjan ja ranskan.
I want to buy a dictionary, thesaurus, and a journal for school.
Haluan ostaa sanakirjan, tesaurusten ja päiväkirjan kouluun.
The teacher needs to write the homework on the board with chalk.
Opettajan tulee kirjoittaa läksyt taululle liidulla.
Today the students have to review the letters of the alphabet.
Tänään opiskelijoiden on tarkasteltava aakkosten kirjaimia.
The teacher wants to teach the students roman numerals.
Opettaja haluaa opettaa oppilaille roomalaisia numeroita.
If you can't behave well then you must go to the principal's office, and maybe stay after school for detention.
Jos et osaa käyttäytyä hyvin, sinun on mentävä rehtorin toimistoon ja ehkä jäätävä koulun jälkeen säilöön.

Test - Test/ **Quiz** - Tietovisa
Lesson - Oppitunti/ **Notes** - Muistiinpanot
Homework - Kotitehtävät/ **Assignment** - Tehtävä/ **Project** - Projekti
Pencil - Lyijykynä/ **Pen** - Kynä/ **Ink** - Muste/ **Eraser** - Pyyhekumi
Backpack - Reppu
Book - Kirja/ **Folders** - Kansiot/ **Notebook** - Muistikirja/ **Papers** - Paperit
Calculator - Laskin
Glue - Liima/ **Scissors** - Sakset / **Adhesive tape** - Teippi
Lunchbox - Lounaslaatikko/ **Lunch** - Lounas/ **Cafeteria** - Kahvila
Kindergarten - Päiväkoti/ **Pre-school** - Esikoulu/ **Day care** - Päivähoito
Triangle - Kolmio/ **Square** - Neliö/ **Circle** - Ympyrä
Crayons - Väriliidut

Today, we don't have a test but we have a surprise quiz.
Tänään meillä ei ole testiä, mutta meillä on yllätysvisa.
Are a pen, a pencil, and an eraser included with the school supplies?
Onko koulutarvikkeiden mukana kynä, lyijykynä ja pyyhekumi?
I think my notebook and calculator are in my backpack.
Luulen, että muistikirja ja laskin ovat repussani.
All my papers are in my folder.
Kaikki paperini ovat kansiossani.
I need glue and scissors for my project.
Tarvitsen liimaa ja sakset projektiani.
I need tape and a stapler to fix my book.
Tarvitsen teippiä ja nitojan korjatakseni kirjani.
You have to concentrate in order to take notes.
Sinun on keskityttävä, jotta voit tehdä muistiinpanoja.
The school librarian wants to invite the art and music teacher to the library next week.
Koulun kirjastonhoitaja haluaa kutsua kuvataiteen ja musiikin opettajan kirjastoon ensi viikolla.
For lunch, your children can purchase food at the cafeteria or they can bring food from home.
Lounaaksi lapsesi voivat ostaa ruokaa kahvilasta tai tuoda ruokaa kotoa.
I forgot my lunchbox and crayons at home.
Unohdin lounasrasiani ja väriliidut kotiin.
To draw shapes such as a triangle, square, circle, and rectangle is easy.
Muodojen, kuten kolmion, neliön, ympyrän ja suorakulmion, piirtäminen on helppoa.
During the week, my youngest child is at daycare, my middle one is in pre-school, and the oldest is in kindergarten.
Viikon aikana nuorin lapseni on päiväkodissa, keskimmäinen esikoulussa ja vanhin päiväkodissa.

PROFESSION - AMMATTI

Doctor - Lääkäri/ **Nurse** - Sairaanhoitaja
Psychologist - Psykologi/ **Psychiatrist** - Psykiatri
Veterinarian - Eläinlääkäri
Lawyer - Lakimies/ **Judge** - Tuomari
Pilot - Pilotti/ **Flight attendant** - Lentoemäntä
Reporter - Toimittaja/ **Journalist** - Toimittaja
Electrician - Sähköasentaja/ **Mechanic** - Mekaanikko
Investigator - Tutkija/ **Detective** - Etsivä
Translator - Kääntäjä
Producer - Tuottaja/ **Director** - Ohjaaja

What's your profession?
Mikä on ammattisi?
I am going to medical school to study medicine because I want to be a doctor.
Menen lääketieteelliseen korkeakouluun opiskelemaan lääketiedettä, koska haluan lääkäriksi.
There is a difference between a psychologist and a psychiatrist.
Psykologilla ja psykiatrilla on ero.
Most children want to be an astronaut, a veterinarian, or an athlete.
Useimmat lapset haluavat astronautiksi, eläinlääkäriksi tai urheilijaksi.
The judge spoke to the lawyer at the court house.
Tuomari puhui asianajajan kanssa oikeustalossa.
The police investigator needs to investigate this case.
Poliisitutkijan on tutkittava tämä tapaus.
Being a detective could be a fun job.
Etsivänä oleminen voi olla hauskaa työtä.
The flight attendant and the pilot are on the plane.
Lentoemäntä ja lentäjä ovat koneessa.
I am a certified electrician.
Olen laillistettu sähköasentaja.
The mechanic overcharged me.
Mekaanikko veloitti minua liikaa.
I want to be a journalist.
Haluan toimittajaksi.
The best translators work at my company.
Parhaat kääntäjät työskentelevät yrityksessäni.
Are you a photographer?
Oletko valokuvaaja?
The author wants to hire a ghostwriter to write his book.
Kirjoittaja haluaa palkata haamukirjoittajan kirjoittamaan kirjansa.
I want to find the directors of the company.
Haluan löytää yrityksen johtajat.

Artist (performer) - Taiteilija
Artist (draws paints picture) - Taiteilija
Author - Tekijä
Painter - Taidemaalari
Dancer - Tanssija
Writer - Kirjoittaja
Photographer - Valokuvaaja
A cook - Kokki/ **A chef** - Kokki
Waiter - Tarjoilija
Bartender - Baarimikko
Barber shop - Parturi/ **Barber** - Parturi
Stylist - Stylisti
Maid - palvelijan/ **Housekeeper** - Taloudenhoitaja / **Caretaker** - Talonmies
Farmer - Viljelijä/ **Gardner** – Puutarhuri
Mailman - Postimies
A guard - Vartija
A cashier - Kassa

The artist produced this artwork for her catalog.
Taiteilija on tuottanut tämän teoksen luetteloonsa.
The artist drew a sketch.
Taiteilija piirsi luonnoksen.
I want to apply as a cook at the restaurant instead of as a waiter.
Haluan hakea kokiksi ravintolaan tarjoilijan sijaan.
The gardener can only come on weekdays.
Puutarhuri voi tulla vain arkisin.
I have to go to the barbershop now.
Minun täytyy nyt mennä parturiin.
Being a bartender isn't an easy job.
Baarimikon työ ei ole helppoa.
Why do we need another maid?
Miksi tarvitsemme toisen palvelijan?
I want to file a complaint against the mailman.
Haluan tehdä valituksen postimiehestä.
I am a part-time artist.
Olen osa-aikainen taiteilija.
She was a dancer at the play.
Hän oli näytelmässä tanssija.
You need to contact the insurance company if you want to find another caretaker.
Sinun on otettava yhteyttä vakuutusyhtiöön, jos haluat löytää toisen talonmiehen.
The farmer can sell us ripened tomatoes today.
Viljelijä voi tänään myydä meille kypsytettyjä tomaatteja.

BUSINESS - LIIKETOIMINTA

A business - Yritys/ **Company** - Yritys/ **Factory** - Tehdas
A professional - Ammattilainen
Position - Asema/ **Work, job** - Työtä/ **Employee** - Työntekijä
Owner - Omistaja/ **Manager** - Johtaja/ **Management** - Hallinto
Secretary - Sihteeri
An interview - Haastattelu/ **Resumé** - Ansioluettelo
Presentation - Esitys
Specialist - Asiantuntija
To hire - Vuokrataan/ **To fire** - Ampua
Pay check - Maksusekki/ **Income** - Tulot/ **Salary** - Palkka
Insurance - Vakuutus/ **Benefits** - Edut
Trimester - Kolmannes
Budget - Budjetti
Net - Netto / **Gross** - Brutto
To retire - Eläkkeelle/ **Pension** - Eläke

I need a job.
Tarvitsen työn.
She is the secretary of the company.
Hän on yrityksen sihteeri.
The manager needs to hire another employee.
Esimiehen on palkattava toinen työntekijä.
I am lucky because I have an interview for a cashier position today.
Olen onnekas, koska minulla on tänään haastattelu kassanhoitajaavarten.
How much is the salary and does it include benefits?
Paljonko palkka on ja sisältääkö se etuudet?
Management has your resumé and they need to show it to the owner of the company.
Johdolla on ansioluettelosi, ja heidän on näytettävä se yrityksen omistajalle.
I am at work at the factory now.
Olen nyt tehtaalla töissä.
In business, you should be professional.
Liiketoiminnassa sinun tulee olla ammattilainen.
Is the presentation ready?
Onko esitys valmis?
The first trimester is part of the annual budget.
Ensimmäinen kolmannes on osa vuosibudjettia.
I have to see the net and gross profits of the business.
Minun on nähtävä yrityksen netto- ja bruttovoitto.
I want to retire already.
Haluan jo eläkkeelle.

Client - Asiakas
Broker - Välittäjä/ **Salesperson -** Myyjä
Realtor - Kiinteistönvälittäjä/ **Real Estate Market -** Kiinteistömarkkinat
A purchase - Osto/ **A lease -** Vuokrasopimus/ **To lease -** Vuokralle
To invest - Sijoittaa/ **Investment -** Investoinnit
Landlord - Vuokranantaja/ **Tenant -** Vuokralainen
Economy - Talous/ **Mortgage -** Asuntolaina
Interest rate - Korko/ **A loan -** Laina
Commission - Komissio/ **Percent -** Prosentti
A sale - Myynti/ **Value -** Arvo/ **Profit -** Voitto
The demand - Kysyntä/ **The supply -** Tarjonta
A contract - Sopimus/ **Terms -** Ehdot
Signature - Allekirjoitus/ **Initials -** Alkukirjaimet
Stock - Varasto/ **Stock broker -** Osakevälittäjä
Advertisement - Mainos/ **Ads -** Mainokset/ **To advertise -** Mainostaa

I can earn a huge profit from stocks.
Osakkeista voin ansaita valtavan voiton.
The demand in the real estate market depends on the country's economy.
Kiinteistömarkkinoiden kysyntä riippuu maan taloudesta.
If you want to sell your home, I can recommend a very good realtor.
Jos haluat myydä asuntosi, voin suositella erittäin hyvää kiinteistönvälittäjää.
The investor wants to invest in this shopping center because of its good potential.
Sijoittaja haluaa sijoittaa tähän kauppakeskukseen sen hyvän potentiaalin vuoksi.
The value of the property increased by twenty percent.
Kiinteistön arvo nousi parikymmentä prosenttia.
How much is the commission on the sale?
Paljonko on provisio myynnistä?
The client wants to lease instead of purchasing the property.
Asiakas haluaa vuokrata kiinteistön ostamisen sijaan.
What are the terms of the purchase?
Mitkä ovat ostoehdot?
I can negotiate a better interest rate.
Voin neuvotella paremman koron.
I need a small loan in order to pay my mortgage this month.
Tarvitsen pienen lainan maksaakseni asuntolainani tässä kuussa.
I need a signature and initials on the contract.
Tarvitsen allekirjoituksen ja nimikirjaimet sopimukseen.
My position in the company is marketing and I am responsible for advertising and ads.
Tehtäväni yrityksessä on markkinointi ja vastaan mainonnasta ja mainoksista.

Money - Raha/ **Currency -** Valuutta
Cash - Käteinen/ **Coins -** Kolikot
Change (change for a bill) **-** Vaihtorahaa
Credit - Luotto
Tax – Vero
Price - Hinta
Invoice - Lasku
Inventory - Varasto
Merchandise - Tavara
A refund - Hyvitys
Product - Tuote
Produced - Tuotettu
Retail - Vähittäiskauppa
Wholesale - Tukkumyynti
Imports - Tuonti/ **Exports -** Vienti
To ship - Lähettää
Shipment - Lähetys

Don't forget to bring cash with you.
Muista ottaa käteistä mukaan.
Do you have change for a 100 Euro bill?
Onko sinulla vaihtorahaa 100 euron setelille?
I don't have a credit card.
Minulla ei ole luottokorttia.
The salesperson told me there is no refund.
Myyjä sanoi minulle, että rahaa ei palauteta.
This product is produced in Italy.
Tämä tuote on valmistettu Italiassa.
I work in the export/import business.
Työskentelen vienti/tuontialalla.
Let me check my inventory.
Anna minun tarkistaa varastoni.
This product is insured.
Tämä tuote on vakuutettu.
This invoice contains a mistake.
Tämä lasku sisältää virheen.
What is the wholesale and retail value of this shipment?
Mikä on tämän lähetyksen tukku- ja vähittäismyyntiarvo?
You don't have enough money to purchase the merchandise.
Sinulla ei ole tarpeeksi rahaa ostaa tavaroita.
How much does the shipping cost and is it in foreign currency?
Paljonko toimitus maksaa ja onko se ulkomaan valuutassa?
There is a tax exemption on this income.
Näistä tuloista on verovapaus.

SPORTS - URHEILU

Basketball - Koripallo/ **Soccer -** Jalkapallo
Game - Peli/ **Stadium -** Stadion/ **Ball -** Pallo/ **Player -** Pelaaja
To jump - Hyppäämään/ **To throw -** Heittää/ **To kick -** Potkia/ **To catch** - Saada kiinni / **Coach -** Valmentaja/ **Referee -** Erotuomari
Competition - Kilpailu
Team - Joukkue/ **Teammate -** Joukkuekaveri/ **National team -** Maajoukkue
Opponent - Vastustaja
Half time - Puoliaika/ **Finals -** Finaalit
Scores - Pisteet
The goal - Maali/ **A goal -** Maali
To lose – Häviää/ **A Defeat -** Tappio
To win - Voittaa/ **A victory -** Voitto
The looser - Löysämpi/ **The winner -** Voittaja
Fans - Fanit
Field - Kenttä
Helmet - Kypärä
Penalty - Rangaistus
Basket - Kori

I like to watch basketball games.
Tykkään katsoa koripallopelejä.
Soccer is my favorite sport.
Jalkapallo on suosikkilajini.
To play basketball, you need to be good at throwing and jumping.
Jotta voit pelata koripalloa, sinun on osattava heittää ja hypätä.
The national team has a lot of fans.
Maajoukkueella on paljon faneja.
My teammate can't find his helmet.
Joukkuetoverini ei löydä kypärää.
The coach and the team were on the field during half-time.
Valmentaja ja joukkue olivat kentällä puoliajalla.
The coach needs to bring his team today to meet the new referee.
Valmentajan on tuotava joukkueensa tänään tapaamaan uutta erotuomaria.
Our opponents went home after their defeat.
Vastustajamme lähtivät kotiin tappionsa jälkeen.
I have tickets to a soccer game at the stadium.
Minulla on lippuja jalkapallo-otteluun stadionilla.
The player received a penalty for kicking the ball in the wrong goal.
Pelaaja sai rangaistuksen siitä, että hän potkaisi pallon väärään maaliin.
Not every person likes sports.
Kaikki eivät pidä urheilusta.

Athlete - Urheilija/ **Olympics** - Olympialaiset/ **World cup** - MM-kisat
Bicycle - Polkupyörä/ **Cyclist** - Pyöräilijä/ **Swimming** - Uinti
Wrestling - Paini/ **Boxing** - Nyrkkeily/ **Martial arts** - Kamppailulajit
Championship - Mestaruus/ **Award** - Palkinto/ **Tournament** - Turnaus
Horse racing - Hevoskilpailut/ **Racing** - Kilpa-ajo
Exercise - Harjoitus/ **Fitness** - Kunto
Gym - Kuntosali
Captain - Kapteeni/ **Judge** - Tuomari
A match - Ottelu/ **Rules** - Säännöt/ **Track** - Raita
Trainer - Valmentaja
Pool (billiards) - Biljardi/ **Pool** (swimming pool) - Uima-allas

Today are the finals for the Olympic Games.
Tänään on olympialaisten finaalit.
Let's see who wins the World Cup.
Katsotaan kuka voittaa maailmanmestaruuden.
I want to compete in the cycling championship.
Haluan kilpailla pyöräilyn mestaruudessa.
I am an athlete so I must stay in shape.
Olen urheilija, joten minun on pysyttävä kunnossa.
After my boxing lesson, I want to go and swim in the pool.
Nyrkkeilytunnin jälkeen haluan mennä uimaan uima-altaaseen.
He will receive an award because he is the winner of the martial-arts tournament.
Hän saa palkinnon, koska hän on kamppailulajiturnauksen voittaja.
The wrestling captain must teach his team the rules of the game.
Painin kapteenin tulee opettaa joukkueelleen pelisäännöt.
At the horse-racing competition, the judge couldn't announce the score.
Hevoskilpailuissa tuomari ei voinut ilmoittaa tulosta.
There is a bicycle race at the park today.
Puistossa on tänään pyöräilykilpailu.
This fitness program is expensive.
Tämä kunto-ohjelma on kallis.
It's healthy to go to the gym every day.
On terveellistä käydä salilla joka päivä.
Weightlifting is good exercise.
Painonnosto on hyvää liikuntaa.
I want to run on the track today.
Haluan juosta radalla tänään.
I like to win in billiards.
Tykkään voittaa biljardissa.
Skateboarding is forbidden here.
Rullalautailu on kielletty täällä.

OUTDOOR ACTIVITIES - ULKOAKTIVITEETIT

Hiking - Patikointi
Hiking trail - Vaellusreitti
Pocket knife - Taskuveitsi
Compass - Kompassi
Camping - Leirintäalue/ **A camp -** Leiri
Campground - Leirintäalue
Tent - Teltta / **RV -** Matkailuautossa
Campfire - Nuotio/ **Matches -** Ottelut/ **Lighter -** Sytytin
Coal - Hiili / **Flame -** Liekki
The smoke - Savu
Fishing - Kalastus/ **To fish -** Kalastamaan
Fishing pole - Vapa/ **Fishing line -** Siima
Hook - Koukku/ **A float -** Un plutitor / **A weight -** Paino/ **Bait -** Syötti
Fishing net - Kalastusverkko
To hunt - Metsästämään
Rifle - Kivääri

I enjoy hiking on the trail, with my compass and my pocketknife.
Nautin vaelluksesta polulla kompassin ja taskuveitseni kanssa.
Don't forget the water bottle in your backpack.
Älä unohda vesipulloa reppuun.
There aren't any tents at the campground.
Leirintäalueella ei ole telttoja.
I want to sleep in an RV instead of a tent.
Haluan nukkua matkailuautossa teltan sijaan.
We can use a lighter to start a campfire.
Voimme käyttää sytytintä nuotion sytyttämiseen.
We need coal and matches for the trip.
Tarvitsemme hiiltä ja tulitikkuja matkalle.
Put out the fire because the flames are very high and there is a lot of smoke.
Sammuta tuli, koska liekit ovat erittäin korkeat ja savua on paljon.
There is fog outside and the temperature is below freezing.
Ulkona on sumua ja lämpötila on pakkasen puolella.
Where is the fishing store? I need to buy hooks, fishing line, bait, and a net.
Missä on kalastuskauppa? Minun täytyy ostaa koukut, siima, syötti ja verkko.
You can't bring your fishing pole or your hunting rifle to the campground of the State Park because there is a sign there which says, "No fishing and no hunting."
Et voi tuoda onkivapaasi tai metsästyskivääriäsi State Parkin leirintäalueelle, koska siellä on kyltti, jossa lukee "Ei kalastusta eikä metsästystä".

Sailing - Purjehdus
A sail - Purje
Sailboat - Purjevene
Rowing - Soutu
A paddle - Mela
Motor - Moottori
Canoe - Kanootti
Kayak - Kajakki
Rock climbing - Kalliokiipeily
Horseback riding - Ratsastus
Diver - Sukeltaja
Scuba diving - Sukellus
Skydiving - Laskuvarjohypyt
Parachute - Laskuvarjo
Paragliding - Varjoliito
Hot air balloon - Kuumailmapallo
Kite - Leija
Surfing - Surffaus/ **Surf board -** Surffilauta
Ice skating - Luistelu/ **Skiing -** Hiihto

With a broken motor, we need a paddle to row the boat.
Jos moottori on rikki, tarvitsemme melan veneen soutamiseen.
It's important to know how to use a sail before sailing on a sailboat.
On tärkeää osata käyttää purjetta ennen purjeveneeseen lähtöä.
In my opinion, a kayak is much more fun than a canoe.
Mielestäni kajakki on paljon hauskempaa kuin kanootti.
Do I need to bring my scuba certification in order to scuba dive at the coral reef?
Pitääkö minun tuoda sukellustodistukseni, jotta voin sukeltaa koralliriutalla?
I have my mask, snorkel, and fins.
Minulla on maski, snorkkeli ja räpylät.
I don't know which is scarier, sky diving or paragliding.
En tiedä kumpi on pelottavampaa, taivassukellus vai varjoliito.
There are several outdoor activities here including rock climbing and horseback riding.
Täällä on useita ulkoilma-aktiviteetteja, kuten kalliokiipeilyä ja ratsastusta.
My dream was always to fly in a hot-air balloon.
Unelmani oli aina lentää kuumailmapallolla.
We are going skiing on our next vacation.
Olemme menossa laskettelemaan seuraavalla lomallamme.
Where is the surfboard? I want to surf the waves at the beach.
Missä surffilauta on? Haluan surffata aalloilla rannalla.
Ice skating is fun.
Luistelu on hauskaa.

ELECTRICAL DEVICES - SÄHKÖLAITTEET

Electronic - Elektroniikka/ **Electricity** - Sähkö
Appliance - Laite
Oven - Uuni
Stove - Liesi
Microwave - Mikroaaltouuni
Refrigerator - Jääkaappi/ **Freezer** - Pakastin
Coffee maker - Kahvinkeitin/ **Coffee pot** - Kahvipannu
Toaster - Leivänpaahdin
Dishwasher - Astianpesukone
Laundry machine - Pyykinpesukone/ **Laundry** - Pesula
Dryer - Kuivain
Fan - Tuuletin/ **Air condition** - Ilmastointi
Alarm - Hälytys
Smoke detector - Savunilmaisin
Battery - Akku

He needs to pay his electric bill if he wants electricity.
Hänen on maksettava sähkölaskunsa, jos hän haluaa sähköä.
I want to purchase a few things at the electronic appliance store.
Haluan ostaa muutaman tavaran elektroniikkakaupasta.
I can't put plastic utensils in the dishwasher.
En voi laittaa muovisia astioita astianpesukoneeseen.
I am going to get rid of my microwave and oven because they are not functioning.
Aion luopua mikroaaltouunistani ja uunistani, koska ne eivät toimi.
The refrigerator and freezer aren't cold enough.
Jääkaappi ja pakastin eivät ole tarpeeksi kylmiä.
The coffee maker and toaster are in the kitchen.
Kahvinkeitin ja leivänpaahdin ovat keittiössä.
My washing machine and dryer do not function therefore I must wash my laundry at the public laundromat.
Pesukone ja kuivausrumpu eivät toimi, joten minun on pestävä pyykkini yleisessä pesulassa.
Is this fan new?
Onko tämä tuuletin uusi?
Unfortunately, the new air conditioner unit hasn't been delivered yet.
Valitettavasti uutta ilmastointilaitetta ei ole vielä toimitettu.
Is that annoying sound the alarm clock or the fire alarm?
Onko se ärsyttävä herätyskellon tai palohälyttimen ääni?
The smoke detector needs new batteries.
Savunilmaisin tarvitsee uudet paristot.

Lamp - Lamppu
Stereo - Stereo
A (wall) cloc– seinäkello/ **A watch -** Kello
Vacuum cleaner - Pölynimuri
Phone - Puhelin/ **Text message -** Tekstiviesti/**Voice message -** Ääniviesti
Camera - Kamera
Flashlight - Taskulamppu/ **Light -** Valo
Furnace - Uuni/ **Heater -** Lämmitin
Cord - Johto/ **Charger -** Laturi
Outlet - Pistorasia
Headsets - Kuulokkeet
Door bell - Ovikello
Lawn mower - Ruohonleikkuri

The clock is hanging on the wall.
Kello roikkuu seinällä.
The cordless stereo is on the table.
Langaton stereo on pöydällä.
I still have a home telephone.
Minulla on vielä kotipuhelin.
I need to buy a lamp and a vacuum cleaner today.
Minun täytyy ostaa tänään lamppu ja pölynimuri.
In the past, cameras were more common. Today, everyone can use their phones to take pictures.
Aiemmin kamerat olivat yleisempiä. Nykyään jokainen voi käyttää puhelimiaan kuvien ottamiseen.
You can leave me a voice message or send me a text message.
Voit jättää minulle ääniviestin tai lähettää tekstiviestin.
The lights don't function when there is a blackout therefore I must rely on my flashlight.
Valot eivät toimi sähkökatkon aikana, joten minun täytyy luottaa taskulamppuuni.
I can't hear the doorbell.
En kuule ovikelloa.
There is a higher risk of causing a house fire from an electric heater than a furnace.
Sähkökiukaalla on suurempi riski sytyttää tulipalo kuin uunista.
I need to connect the cord to the outlet.
Minun täytyy kytkeä johto pistorasiaan.
His lawnmower is very noisy.
Hänen ruohonleikkurinsa on erittäin äänekäs.
Why is my headset on the floor?
Miksi kuulokkeeni on lattialla?

TOOLS - TYÖKALUT

Toolbox - Työkalulaatikko
Carpenter - Puuseppä
Hammer - Vasara
Saw - Saha/ **Axe -** Kirves
A drill - Pora/ **To drill -** Poraa
Nail - Naula/ **A screw -** Ruuvi
Screwdriver - Ruuvimeisseli/ **A wrench -** Jakoavain/ **Pliers -** Pihdit
Paint brush - Sivellin/ **To paint -** Maalata/ **The paint -** Maali
Ladder - Tikkaat / **Rope -** Köysi/ **String -** Lanka
A scale - Vaaka/ **Measuring tape -** Mittanauha
Machine - Kone
A lock - lukko/ **Locked -** Lukittu/ **To lock -** Lukitse
Equipment - Laitteet
Metal - metalli/ **Steel -** Teräs/ **Iron -** Rauta
Broom - Luuta/ **Dust pan -** Pölypannu / **Mop -** Moppi
Bucket - Kauha/ **Sponge -** Sieni
Shovel - Lapio/ **A trowel -** Lasta

The carpenter needs nails, a hammer, a saw, and a drill.
Puuseppä tarvitsee naulat, vasaran, sahan ja poran.
The string is very long.
Lanka on erittäin pitkä.
Where are the scissors?
Missä sakset ovat?
The screwdriver is in the toolbox.
Ruuvimeisseli on työkalulaatikossa.
This tool can cut through metal.
Tällä työkalulla voidaan leikata metallia.
The ladder is next to the tools.
Tikkaat ovat työkalujen vieressä.
I must buy a brush to paint the walls.
Minun täytyy ostaa sivellin seinien maalaamiseen.
The paint bucket is empty.
Maalisäiliö on tyhjä.
It's better to tie the shovel with a rope in my pick-up truck.
On parempi sitoa lapio köydellä lava-autossani.
How can I fix this machine?
Kuinka voin korjata tämän koneen?
The broom and dust pan are with the rest of my cleaning equipment.
Luuta ja pölypannu ovat muiden puhdistusvälineideni mukana.
Where did you put the mop and the bucket?
Mihin laitoit mopin ja ämpärin?

CAR - AUTO

Engine - Moottori
Ignition - Sytytys
Steering wheel - Ohjauspyörä
Automatic - Automaattinen
Manual - Manuaali
Gear shift - Vaihteenvaihto
Seat - Istuin
Seat belt - Turvavyö
Airbag - Airbag
Brakes - Jarrut
Handbrake - Käsijarru
Baby seat - Vauvanistuin
Driver seat - Kuljettajan istuin
Passenger seat - Matkustajan istuin
Front seat - Etuistuin
Back seat - Takaistuin
Car passenger - Automatkustaja
Warning light - Varoitusvalo
Button - Painike/ **Horn** (of the car) **-** Torvi

When driving, both hands must be on the steering wheel.
Ajon aikana on molempien käsien oltava ohjauspyörällä.
I must take my car to my mechanic because there is a problem with the ignition.
Minun täytyy viedä autoni mekaanikkoni, koska sytytyksessä on ongelma.
What happened to the engine?
Mitä moottorille tapahtui?
The seat is missing a seat belt.
Istuimesta puuttuu turvavyö.
I prefer a gear shift instead of an automatic car.
Pidän enemmän manuaalisesta vaihteistosta automaattisen auton sijaan.
The brakes are new in this vehicle.
Jarrut ovat uudet tässä autossa.
This vehicle doesn't have a handbrake.
Tässä ajoneuvossa ei ole käsitaukoa.
There is an airbag on both the driver side and the passenger side.
Turvatyyny on sekä kuljettajan että matkustajan puolella.
The baby seat is in the back seat.
Vauvan turvaistuin on takapenkillä.
The warning light button is located next to the stirring wheel.
Varoitusvalopainike sijaitsee sekoituspyörän vieressä.

Windshield - Tuulilasi
Windshield wiper - Tuulilasinpyyhin
Windshield fluid - Tuulilasineste
Rear view mirror - Taustapeili
Side mirror - Sivupeili
Door handle - Oven kahva
Spare tire - Vararengas
Trunk - Tavaratila
Hood (of the vehicle) - Konepelti
Alarm - Hälytys
Window - Ikkuna
Drive license - Ajokortti
License plate - Rekisterikilpi
Gasoline - Bensiini
Low fuel - Vähän polttoainetta
Flat tire - Rengasrikko
Crowbar - Sorkkarauta
A (car) jack - tunkki
Wrench - Jakoavain

The windshield and all four of my car windows are cracked.
Autoni tuulilasi ja kaikki neljä ikkunaa ovat rikki.
I want to clean my rear-view mirror and my side mirrors.
Haluan puhdistaa taustapeilini ja sivupeilini.
My car doesn't have an alarm.
Autossani ei ole hälytintä.
Does this car have a spare tire in the trunk?
Onko tässä autossa vararengas tavaratilassa?
Please, close the car door.
Ole hyvä ja sulje auton ovi.
Where is the nearest gas station?
Missä on lähin huoltoasema?
The windshield wipers are new.
Tuulilasinpyyhkimet ovat uudet.
The door handle on the driver's side doesn't function.
Kuljettajan puolen ovenkahva ei toimi.
Your license plate has expired.
Rekisterikilpisi on vanhentunut.
I want to renew my driving license today.
Haluan uusia ajokorttini tänään.
Are the car doors locked?
Onko auton ovet lukossa?

NATURE - LUONTO

A plant - Kasvi
Forest - Metsä
Tree - Puu
Trunk - Tavaratila/ **Branch -** Haara/ **Leaf -** Lehti/ **Root -** Juuri
Flower - Kukka
Petal - Terälehti
Blossom - Kukka
Stem - Varsi/ **Seed -** Siemen
Rose - Ruusu
Nectar - Nektari/ **Pollen -** Siitepöly
Vegetation - Kasvillisuus/ **Bush -** Puska/ **Grass -** Ruoho
Rain forest - Sademetsä/ **Tropical -** Trooppinen
Palm tree - Palmu
Season - Kausi/ **Spring -** Kevät / **Summer -** Kesä
Winter - Talvi/**Autumn -** Syksy

I want to collect a few leaves during the fall.
Haluan kerätä muutaman lehden syksyn aikana.
There aren't any plants in the desert during this season.
Aavikolla ei ole kasveja .tähän vuodenaikaan.
The trees need rain.
Puut tarvitsevat sadetta.
The trunk, the branches, and the roots are all parts of the tree.
Runko, oksat ja juuret ovat kaikki puun osia.
My rose bushes are beautiful.
Ruusupensani ovat kauniita.
Where can I plant the seeds?
Mihin voin kylvää siemenet?
I must trim the grass and vegetation in my garden.
Minun täytyy leikata ruoho ja kasvillisuus puutarhassani.
The rain forest is a nature preserve.
Sademetsä on luonnonsuojelualue.
Palm trees can only grow in a tropical climate.
Palmut voivat kasvaa vain trooppisessa ilmastossa.
I am allergic to pollen.
Olen allerginen siitepölylle.
The orchid needs to bloom because I want to see its beautiful petals.
Orkidean täytyy kukkia, koska haluan nähdä sen kauniit terälehdet.
Is the nectar from the flower sweet?
Onko kukan nektari makea?
Be careful because the plant stem can break very easily.
Ole varovainen, koska kasvin varsi voi murtua erittäin helposti.

Lake - Järvi
Sea - Meri
Ocean - Valtameri
Waterfall - Vesiputous
River - Joki/ **Canal -** Kanava/ **Swamp -** Suo
Mountain - Vuori/ **Hill -** Mäki
Rainbow - Sateenkaari
Cloud - Pilvi
Lightning - Salama/ **Thunder -** Ukkonen
Rain - Sade/ **Snow -** Lumi
Ice - Jää/ **Hail –** rakeita
Fog - Sumu
Wind - Tuuli/ **Air -** Ilmaa
Dew - Kaste
Sunset - Auringonlasku/ **Sunrise -** Auringonnousu

There is a rainbow above the waterfall.
Vesiputouksen yläpuolella on sateenkaari.
The ocean is bigger than the sea.
valtameri on suurempi kuin meri.
From the mountain, I can see the river.
Vuorelta näen joen.
Today we hope to see snow.
Tänään toivomme nähdä lunta.
There aren't any clouds in the sky.
Taivaalla ei ole pilviä.
I see the lightning from my window.
Näen salaman ikkunastani.
I can hear the thunder from outside.
Kuulen ukkosen ulkopuolelta.
I want to see the sunset from the hill.
Haluan nähdä auringonlaskun mäeltä.
The lake has a shallow part and a deep part.
Järvessä on matala osa ja syvä osa.
I don't like the wind.
En pidä tuulesta.
The air on the mountain is very clear.
Vuorella on erittäin kirkas ilma.
Every dawn, there is dew on the leaves of my plants.
Joka aamunkoitto kasvieni lehdillä on kastetta.
Is this ice or hail?
Onko tämä jäätä vai rakeita?
I can see the volcano.
Näen tulivuoren.

Sky - Taivas
World - Maailma/ **Earth** - Maa
Sun - Aurinko/ **Moon** - Kuu/ **Crescent** - Puolikuu/ **Full moon** - Täysikuu
Star - Tähti/ **Planet** - Planeetta
Fire - Tuli/ **Heat** - Lämpö/ **Humidity** - Kosteus
Agriculture - Maatalous
Island - Saari
Cave - Luola
Public park - Julkinen puisto/ **National park** - Kansallispuisto
Rock – kallio/ **Stone** - Kivi
Ground - Maa / **Soil** - Maaperä
Sea shore - Meren ranta / **Seashell** - Kotilo
Dawn - Aamunkoitto
Ray - Säde
Dry - Kuiva/ **Wet** - Märkä
Deep - Syvä/ **Shallow** - Matala
Weeds - Rikkaruohot
A stick - Keppi
Dust - Pöly

The moon and the stars are beautiful in the night sky.
Kuu ja tähdet ovat kauniita yötaivaalla.
The earth is a planet.
Maa on planeetta.
The heat today is unbearable.
Kuumuus on tänään sietämätön.
At the beach there is fresh air.
Rannalla on raitista ilmaa.
I want to sail to the island to see the sunrise.
Haluan purjehtia saarelle katsomaan auringonnousua.
Parts of the cave are dry and other parts are wet.
Osa luolasta on kuivia ja osa on märkiä.
We live in a beautiful world.
Elämme kauniissa maailmassa.
There is dust from the fire in the park.
Puistossa on tulipalosta pölyä.
I want to collect seashells from the seashore.
Haluan kerätä simpukankuoria merenrannasta.
There are too many stones in the soil so it's impossible to use this area for agricultural purposes.
Maaperässä on liikaa kiviä, joten tätä aluetta on mahdotonta käyttää maataloustarkoituksiin.
Why are there so many weeds growing by the swamp?
Miksi suolla kasvaa niin paljon rikkaruohoja?

ANIMAL - ELÄIN

Pet - Lemmikki
Mammals - Nisäkkäät
Dog - Koira/ **Cat -** Kissa
Parrot - Papukaija
Pigeon - Kyyhkynen
Pig - Possu
Sheep - Lampaat
Cow - Lehmä/ **Bull -** Härkä
Donkey - Aasi/ **Horse -** Hevonen
Camel - Kameli
Rodent - Jyrsijä
Mouse - Hiiri/ **Rat -** Rotta
Rabbit - Kani/ **Hamster -** Hamsteri
Duck - Ankka/ **Goose -** Hanhi
Turkey – kalkkuna/ **Chicken -** Kana/ **Poultry -** Siipikarja
Squirrel - Orava

I have a dog and two cats.
Minulla on koira ja kaksi kissaa.
There is a bird on the tree.
Puussa on lintu.
I want to go to the zoo to see the animals.
Haluan mennä eläintarhaan katsomaan eläimiä.
My daughter wants a pet horse.
Tyttäreni haluaa lemmikkihevosen.
A pig, a sheep, a donkey, and a cow are considered farm animals.
Sikaa, lamma, aasia ja lehmää pidetään tuotantoeläiminä.
I want a hamster as a pet.
Haluan hamsterin lemmikiksi.
A camel is a desert animal.
Kameli on aavikkoeläin.
Can I put ducks, geese, and turkeys inside my coop?
Voinko laittaa ankkoja, hanhia ja kalkkunoita aitaukseeni?
We have rabbits and squirrels in our yard.
Meillä on pihalla kaneja ja oravia.
It's cruel to keep a parrot inside a cage.
On julmaa pitää papukaija häkissä.
There are many pigeons in the city.
Kaupungissa on paljon kyyhkysiä.
Mice and rats are rodents.
Hiiret ja rotat ovat jyrsijöitä.

Lion - Leijona
Hyena - Hyeena
Leopard - Leopardi / **Panther** - Pantteri
Cheetah - Gepardi
Elephant - Elefantti
Rhinoceros - Sarvikuono
Hippopotamus - Virtahepo
Bat - Lepakko
Fox - Kettu/ **Wolf** - Susi
Weasel – lumikko
Bear - Karhu
Tiger - Tiikeri
Deer - Hirvi
Monkey - Apina
Otter - Saukko
Marsupial - Pussieläin

There are a lot of animals in the forest.
Metsässä on paljon eläimiä.
The most dangerous animal in Africa is not the lion, it's the hippopotamus.
Afrikan vaarallisin eläin ei ole leijona, vaan virtahepo.
A wolf is much bigger than a fox.
Susi on paljon suurempi kuin kettu.
Are there bears in this forest?
Onko tässä metsässä karhuja?
Bats are the only mammals that can fly.
Lepakot ovat ainoita nisäkkäitä, jotka voivat lentää.
It's usually very difficult to see a leopard in the wild.
Leopardia on yleensä vaikea nähdä luonnossa.
Cheetahs are common in certain regions of Africa and rare in others.
Gepardit ovat yleisiä joillakin Afrikan alueilla ja harvinaisia toisilla.
Elephants and rhinoceroses are known as very aggressive animals.
Norsut ja sarvikuonot tunnetaan erittäin aggressiivisina eläiminä.
I saw a hyena and a panther at the safari yesterday.
Näin hyeenan ja pantterin eilen safarilla.
The largest member of the cat family is the tiger.
Kissaperheen suurin jäsen on tiikeri.
Deer hunting is forbidden in the national park.
Hirvenmetsästys on kielletty kansallispuistossa.
There are many monkeys on the branches of the trees.
Puiden oksilla on monia apinoita.
An opossum isn't a rat but it's a marsupial just like the kangaroo.
Opossumi ei ole rotta, mutta se on pussieläin aivan kuten kenguru.

Bird - Lintu
Crow - Varis
Stork - Haikara
Vulture - Korppikotka/ **Eagle** - Kotka
Owl - Pöllö
Peacock - Riikinkukko
Reptile - Matelija
Turtle - Kilpikonna
Snake - Käärme/ **Lizard** - Lisko/ **Crocodile** - Krokotiili
Frog - Sammakko
Seal – Hylje
Whale - Valas/ **Dolphin** - Delfiini
Fish - Kala
Shark - Hai
Wing - Siipi/ **Feather** - Sulka
Tail - Häntä
Fur - Turkis
Scales - Vaa'at
Fins - Evät
Horns - Sarvet
Claws - Kynnet

An eagle and an owl are birds of prey however vultures are scavengers.
Kotka ja pöllö ovat petolintuja, mutta korppikotkat ovat raadonsyöjiä.
Crows are very smart.
Variset ovat erittäin älykkäitä.
I want to see the stork migration in Europe.
Haluan nähdä haikaramuuton Euroopassa.
Don't buy a fur coat!
Älä osta turkkia!
Butterflies and peacocks are colorful.
Perhoset ja riikinkukot ovat värikkäitä.
Some snakes are poisonous.
Jotkut käärmeet ovat myrkyllisiä.
Is that the sound of a cricket or a frog?
Onko se sirkka vai sammakon ääni?
Lizards, crocodiles, and turtles belong to the reptile family.
Liskot, krokotiilit ja kilpikonnat kuuluvat matelijaperheeseen.
I want to see the fish in the lake.
Haluan nähdä kalat järvessä.
There were a lot of seals basking on the beach last week.
Viime viikolla rannalla oli paljon hylkeitä.
A whale is not a fish.
Valas ei ole kala.

Insect - Hyönteinen
A cricket - Sirkka
Ant - Muurahainen**/ Termite -** Termiitti
A fly - Kärpänene
Butterfly - Perhonen
Worm - Mato
Mosquito - Hyttynen**/ Flea -** Kirppu**/ Lice -** Täit
Beetle - Kuoriainen
A roach - Särki
Bee - Mehiläinen
Spider - Hämähäkki**/ Scorpion -** Skorpioni
Snail - Etana
Invertebrates - Selkärangattomat
Shrimps - Katkaravut**/ Clams -** Simpukat**/ Crab -** Rapu
Octopus - Mustekala
Starfish - Meritähti
Jellyfish - Meduusa

An octopus has eight tentacles.
Mustekalalla on kahdeksan lonkeroa.
A jellyfish is a common dish in Asian culture.
Meduusa on yleinen ruokalaji aasialaisessa kulttuurissa.
The museum has a large collection of invertebrate fossils.
Museossa on laaja kokoelma selkärangattomien fossiileja.
I want to buy mosquito spray.
Haluan ostaa hyttyssumutetta.
I need antiseptic for my bug bites.
Tarvitsen antiseptistä hyönteisten puremiini.
I hope there aren't any worms, ants, or flies in the bag of sugar.
Toivottavasti sokeripussissa ei ole matoja, muurahaisia tai kärpäsiä.
I have crabs and starfish in my aquarium.
Minulla on akvaariossani rapuja ja meritähtiä.
Certain types of spiders and scorpions can be dangerous.
Tietyntyyppiset hämähäkit ja skorpionit voivat olla vaarallisia.
I need to call the exterminator because there are fleas, roaches, and termites in my house.
Minun täytyy soittaa hävittäjälle, koska talossani on kirppuja, särkiä ja termiittejä.
Bees are very important for the environment.
Mehiläiset ovat erittäin tärkeitä ympäristölle.
Is there a snail inside the shell?
Onko kuoren sisällä etana?
Beetles are my favorite insects.
Kuoriaiset ovat lempihyönteisiäni.

RELIGION, CELEBRATIONS, & CUSTOMS
USKONTO, JUHLAT JA TULLI

God - Jumala
Bible - Raamattu
Old Testament - Vanha testamentti / **New Testament -** Uusi testamentti
Adam - Adam / **Eve -** Eeva/ **Garden of Eden -** Eedenin puutarha
Heaven - Taivas / **Angels -** Enkelit/ **Priest -** Pappi
Noah - Nooa/ **Ark -** Arkki
To pray - Rukoilla/ **Prayer -** Rukous
Blessing - Siunaus/ **To bless -** Siunata/ **Holy -** Pyhä/ **Faith -** Usko
Moses - Mooses/ **Prophet -** Profeetta/ **Messiah -** Messias/ **Miracle -** Ihme
Ten commandments - Kymmenen käskyä
The five books of Moses - Mooseksen viisi kirjaa
Genesis - Geneza/ **Exodus -** Exodus/ **Leviticus -** Leviticul
Numbers - Numerrot/ **Deuteronomy -** Mooseksen kirja

Many religions use the bible.
Monet uskonnot käyttävät Raamattua.
We have faith in miracles.
Meillä on usko ihmeisiin.
When do I need to say the blessing?
Milloin minun täytyy sanoa siunaus?
I must say a prayer for the holiday.
Minun on sanottava rukous loman puolesta.
The angels came from heaven.
Enkelit tulivat taivaasta.
Aaron, the brother of Moses, was the first priest.
Aaron, Mooseksen veli, oli ensimmäinen pappi.
The story of Noah's Ark and the flood is very interesting.
Tarina Nooan arkista ja vedenpaisumuksesta on erittäin mielenkiintoinen.
Adam and Eve were the first humans and they lived in the Garden of Eden.
Aadam ja Eeva olivat ensimmäiset ihmiset ja he asuivat Eedenin puutarhassa.
Moses had to climb up on Mount Sinai to receive the Ten Commandments from God.
Mooseksen täytyi kiivetä Siinain vuorelle saadakseen kymmenen käskyä Jumalalta.
The Five Books of the Moses are Genesis, Exodus, Leviticus, Numbers, and Deuteronomy.
Viisi Mooseksen kirjaa ovat Genesis, Exodus, Leviticus, Numbers ja Deuteronomy.
Moses was considered as the prophet of all prophets.
Moosesta pidettiin kaikkien profeettojen profeettana.

The Christian Religion - Kristillinen uskonto
Church - Kirkko
Cathedral - Katedraali
Catholic - Katolinen
Christian - Kristityt
Christianity - Kristinusko
Catholicism - Katolisuus
Jesus - Jeesus
A cross - Risti
Priest - Pappi
Holy - Pyhä/ **Holy water -** Pyhä vesi
To sin - Syntiä/ **A sin -** A synti
Monastery - Luostari
Christmas - Joulu
Christmas eve - Jouluaatto
Christmas tree - Joulukuusi
New Year - Uusi vuosi
Merry Christmas - Hyvää joulua
Easter - Pääsiäinen
Saint - Pyhä/ **Nun -** Nunna/ **Chapel -** Kappeli
Devil - Paholainen / **Demons -** Demonit / **Hell -** Helvetti

The church is open today.
Kirkko on auki tänään.
Christians love to celebrate Christmas.
Kristityt rakastavat joulun viettämistä.
Is it possible to turn on the lights on my Christmas tree for Christmas Eve?
Voinko sytyttää joulukuusen valot jouluaatoksi?
Two more weeks until Easter.
Vielä kaksi viikkoa pääsiäiseen.
The nuns live in the monastery.
Nunnat asuvat luostarissa.
The priest read a psalm from the Bible in front of the congregation.
Pappi luki psalmin Raamatusta seurakunnan edessä.
I went to pray in the cathedral.
Menin rukoilemaan katedraaliin.
Happy holiday and Happy New Year to all my friends and family.
Hyvää lomaa ja uutta vuotta kaikille ystävilleni ja perheelleni.
The priest baptized the baby in the holy water.
Pappi kastoi vauvan pyhässä vedessä.
The devil and the demons are from hell.
Paholainen ja demonit ovat helvetistä.

Jew - Juutalainen
Judaism - Juutalaisuus
Synagogue - Synagoga
Religious - Uskonnollinen
Monotheism - Monoteismi
Islam - Islam
Muslim - Muslimi
Mohammed - Muhammed
Mosque - Moskeija
Hindu - Hindu
Buddhist - Buddhalainen
Temple - Temppeli

The Jews worship at the synagogue.
Juutalaiset palvovat synagogassa.
The Bible is a holy book which tells the story of the Jewish nations and includes many miracles.
Raamattu on pyhä kirja, joka kertoo tarinan juutalaisista kansoista ja sisältää monia ihmeitä.
In Judaism, they pray three times a day. Morning prayer, afternoon prayer, and evening prayer.
Juutalaisuudessa he rukoilevat kolme kertaa päivässä. Aamurukous, iltapäivärukous ja iltarukous.
The three forefathers are Abraham, Isaac, and Jacob.
Kolme esi-isää ovat Abraham, Iisak ja Jaakob.
To learn about the Holocaust and the concentration camps is very important.
On erittäin tärkeää oppia holokaustista ja keskitysleireistä.
Both the Hindu and Buddhist religion practice yoga, meditation and mantra.
Sekä hindu- että buddhalainen uskonto harjoittavat joogaa, meditaatiota ja mantraa.
Muslims worship at the mosque.
Muslimit palvovat moskeijassa.
In Islam you must pray five times a day.
Islamissa sinun tulee rukoilla viisi kertaa päivässä.
What is your religion?
Mikä on uskontosi?
Many schools refuse to teach evolution.
Monet koulut kieltäytyvät opettamasta evoluutiota.

WEDDING AND RELATIONSHIP - HÄÄT JA SUHDE

Wedding - Häät
Wedding hall - Hääsali
Married - Naimisissa
Civil wedding - Siviilihäät
Bride - Morsian
Groom - Sulhanen
Ceremony - Seremonia
Reception hall - Vastaanottohalli
Chapel - Kappeli
Engagement - Kihlaus
Engagement ring - Kihlasormus
Wedding ring - Vihkisormus
Anniversary - Vuosipäivä
Honeymoon - Häämatka
Fiancé - Sulhanen
Husband - Aviomies
Wife - Vaimo
Valentine day - Ystävänpäivä

When is the wedding?
Milloin on häät?
We are having the service in the chapel and the reception in the wedding hall.
Pidämme jumalanpalveluksen kappelissa ja vastaanoton hääsalissa.
Our anniversary is on Valentine's Day.
Meidän vuosipäivä on ystävänpäivänä.
This is my engagement ring and this is my wedding ring.
Tämä on kihlasormukseni ja tämä on vihkisormukseni.
They are finally married so now it's time for the honeymoon.
He ovat vihdoin naimisissa, joten nyt on häämatkan aika.
He decided to propose to his girlfriend. She said "yes" and now they are engaged.
Hän päätti kosia tyttöystävälleen. Hän sanoi "kyllä" ja nyt he ovat kihloissa.
He is my fiancé now. Next year he will be my husband.
Hän on nyt sulhaseni. Ensi vuonna hänestä tulee mieheni.
Three civil weddings are taking place at the courthouse today.
Oikeustalossa pidetään tänään kolme siviilihäätä.
The bride and groom received many presents.
Morsian ja sulhanen saivat paljon lahjoja.

Valentine day - Ystävänpäivä
Love - Rakkaus
To love - Rakastaa
In love - Rakastunut
Romantic - Romanttinen
Darling - Rakas
A date - Treffit
A relationship - Suhde
Boyfriend - Poikaystävä
Girlfriend - Tyttöystävä
To hug - Halata
A hug - Halaus
To kiss - Suutella
A kiss - Suudelma
Single - Sinkku
Divorced - Eronnut
Widow - Leski

I am in love with her.
Olen rakastunut häneen.
I love her.
Rakastan häntä.
I love him.
Rakastan häntä.
I love you.
Minä rakastan sinua.
You are very romantic.
Olet hyvin romanttinen.
They have a very good relationship.
Heillä on erittäin hyvä suhde.
The husband and wife are happily married.
Mies ja vaimo ovat onnellisesti naimisissa.
I am single because I divorced my wife.
Olen sinkku, koska erosin vaimostani.
She is my darling and my love.
Hän on rakkaani ja rakkaani.
I want to kiss you and hug you in this picture.
Haluan suudella sinua ja halata sinua tässä kuvassa.

POLITICS - POLITIIKKA

Flag - Lippu
National anthem - Kansallislaulu
Nation - Kansakunta
National - Kansallinen
International - Kansainvälinen
Local - Paikallinen
Patriot - Patriootti
Symbol - Symboli
Peace - Rauha
Treaty - Perussopimus
State - Osavaltio
Country - Maa
County - Lääni
Century - Vuosisata
Sanctions - Pakotteet
Military coup - Sotilasvallankaappaus
Rebels - Kapinalliset
Illegal - Laiton

This is a political movement which is supported by the majority.
Tämä on poliittinen liike, jota enemmistö tukee.
This flag is the national symbol of the country.
Tämä lippu on maan kansallinen symboli.
This is all politics.
Tämä kaikki on politiikkaa.
There is a difference between state law and local law.
Osavaltion lain ja paikallisen lain välillä on ero.
He is a patriot of the nation.
Hän on kansakunnan patriootti.
Most countries have a national anthem.
Useimmissa maissa on kansallislaulu.
This is a political campaign to demand independence.
Tämä on poliittinen kampanja itsenäisyyden vaatimiseksi.
According to the government, the rebels carried out an illegal military coup.
Hallituksen mukaan kapinalliset suorittivat laittoman sotilasvallankaappauksen.
They must impose sanctions against that country.
Heidän on määrättävä pakotteita tätä maata vastaan.

Legal – Laillinen
Law - Laki
International law - Kansainvälinen oikeus
Human rights - Ihmisoikeudet
Punishment - Rangaistus
Torture - Kidutus
Execution (to kill) **-** Teloitus
Spy - Vakooja
Amnesty - Armahdus
Political asylum - Poliittinen turvapaikka
Republic - Tasavalta
Dictator - Diktaattori
Citizen - Kansalainen
Resident - Asukas
Immigrant - Maahanmuuttaja
Public - Julkinen/ **Private** - Yksityinen
Racism - Rasismi
Government - Hallitus
Revolution - Revoluţie
Civilian - Siviili/ **A civilian** - Siviili
Population - Väestö
Socialism - Sosialismi
Communism - Kommunismi

The civilian population wanted a revolution.
Siviiliväestö halusi vallankumouksen.
The politicians want to ask the president to give the captured spy amnesty.
Poliitikot haluavat pyytää presidenttiä antamaan vangituille vakoojille armahduksen.
Although he was the brutal dictator of the republic, in private he was a nice person.
Vaikka hän oli tasavallan julma diktaattori, yksityiselämässä hän oli mukava ihminen.
In some countries torture and execution is a common form of legitimate punishment.
Joissakin maissa kidutus ja teloitus on yleinen laillisen rangaistuksen muoto.
This is a violation of human rights and international law.
Tämä on ihmisoikeuksien ja kansainvälisen oikeuden loukkaus.
Communism and socialism were popular in the 19th century.
Kommunismi ja sosialismi olivat suosittuja 1800-luvulla.
In which county is this legal?
Missä maassa tämä on laillista?

President - Puheenjohtaja
Statement - Lausunto
Presidential - Presidentinvaalit
Vice president - Varapuheenjohtaja
Defense minister - Puolustusministeri
Interior minister - Sisäministeri
Exterior minister - Ulkoministeri
Prime minister - Pääministeri
Election - Vaalit
Poll - Kysely
Campaign - Kampanja
Candidate - Ehdokas
Democracy - Demokratia
Movement - Liike
Politician - Poliitiko
Politics - Politiikka
To vote - Äänestää
Majority - Enemmistö
Independence - Itsenäisyys
Party - Juhla
Veto - Veto- oikeus
Impeachment - Viranteko
Convoy - Saattue

They want to appoint him as defense minister.
Hänet halutaan nimittää puolustusministeriksi.
Both parties want to veto the impeachment inquiry.
Molemmat osapuolet haluavat käyttää veto-oikeutta virkasyytetutkimukselle.
I want to see the presidential convoy.
Haluan nähdä presidentin saattueet.
In some countries other than the United States, they have a prime minister, interior minister, and exterior minister.
Joissakin muissa maissa kuin Yhdysvalloissa heillä on pääministeri, sisäministeri ja ulkoministeri.
I want to meet the president and the vice president.
Haluan tavata presidentin ja varapresidentin.
I want to go to the election polls to vote for the new candidate.
Haluan mennä vaaleihin äänestämään uutta ehdokasta.
We support democracy and are against fascism and racism.
Tuemme demokratiaa ja vastustamme fasismia ja rasismia.

United Nations - Yhdistyneet kansakunnat
Condemnation - Tuomitseminen
United States - Yhdysvallat
European Union - Euroopan unioni
Treason - Maanpetos
Fascism - Fasismi
Resistance - Resistanssi
Members - Jäsenet
Captured - Kaapattu**/ To capture -** Kaapata
Ambassador - Suurlähettiläs
Embassy - Suurlähetystö
Consulate - Konsulaatti
Biased - Puolueellinen
Unilateral - Yksipuolinen
Bilateral - Kahdenvälinen
Resolution - Resoluutio
Protest - Mielenosoitus
Riot - Mellakka

There were many protests and riots today.
Tänään oli paljon mielenosoituksia ja mellakoita.
All the members of the resistance were accused of treason and had to ask for political asylum.
Kaikkia vastarinnan jäseniä syytettiin maanpetoksesta ja heidän oli haettava poliittista turvapaikkaa.
The resolution is biased.
Päätös on puolueellinen.
This was an official condemnation.
Tämä oli virallinen tuomio.
The United Nations is located in New York.
Yhdistyneet Kansakunnat sijaitsee New Yorkissa.
I am a United States citizen and a resident of the European Union.
Olen Yhdysvaltojen kansalainen ja asun Euroopan unionissa.
The ambassador's residence is located near the embassy.
Suurlähettilään asunto sijaitsee lähellä suurlähetystöä.
I need the phone number and address of the consulate.
Tarvitsen konsulaatin puhelinnumeron ja osoitteen.
Are consular services available today?
Ovatko konsulipalvelut saatavilla tänään?
The international peace treaty needs to include both sides.
Kansainväliseen rauhansopimukseen on sisällytettävä molemmat osapuolet.

MILITARY - SOVELTAJA

Army - Armeija
Armed forces - Asevoimat
Navy - Laivasto
Soldier - Sotilas
A force - Voima
Ground forces - Maavoimat
Base - Tukikohta/ **Headquarter -** Pääkonttori/ **Intelligence -** Tiedustelu
Ranks - Rivit/ **Sergeant -** Kersantti/ **Lieutenant -** Luutnantti
The general - Kenraali/ **Commander -** Komentaja/ **Colonel -** Eversti
Chief of Staff - Esikuntapäällikkö
Enlistment - Palvelukseen ottaminen
Reserves - Varaukset
War - Sota
Terrorism - Terrorismi/ **Terrorist -** Terroristi/ **Insurgency -** Kapina
Border crossing - Rajanylityspaikka
Refugee - Pakolainen
Weapon - Ase

I want to enlist in the military.
Haluan ilmoittautua armeijaan.
This base is designated for military aircraft only.
Tämä tukikohta on tarkoitettu vain sotilaslentokoneille.
That is the headquarters of the enemy.
Se on vihollisen päämaja.
This country has a powerful airforce.
Tällä maalla on vahvat ilmavoimat.
They need to enlist reserve forces for the war.
Heidän täytyy värvätä reservijoukkoja sotaa varten.
Welcome to the border crossing.
Tervetuloa rajanylityspaikalle.
Military intelligence relies on important sources of information.
Sotilastiedustelu perustuu tärkeisiin tietolähteisiin.
The chief of staff was the target of a failed assassination attempt.
Esikuntapäällikkö joutui epäonnistuneen salamurhayrityksen kohteeksi.
The sniper killed the highest-ranking lieutenant.
Tarkka-ampuja tappoi korkeimman tason luutnantin.
The terrorist group claimed responsibility for the car-bomb attack at the refugee camp.
Terroristiryhmä otti vastuun pakolaisleirillä tehdystä autopommi-iskusta.
It is impossible to defeat terrorism because it's an ideology.
Terrorismia on mahdotonta voittaa, koska se on ideologia.

Air strike - Ilmaisku /**Air force** - Ilmavoimat/ **Fighter jet** - Hävittäjä
Military aircraft - Sotilaslentokone
Drone - Dronă/ **Stealth technology** - Stealth-tekniikka
Tank - Tankki/ **Submarine** - Sukellusvene
Grenade - Kranaatti/ **Mine** - Miina/ **Bomb** - Pommi/**Explosion** - Räjähdys
Sniper - Tarkka-ampuja / **Gun** - Ase/ **Rifle** - Kivääri / **Bullet** - Luoti
Missile - Ohjus/ **Mortar** - Kranaatinheitin
Anti tank missile - Panssarintorjuntaohjus
Anti aircraft missile - Ilmatorjuntaohjus
Shoulder fire missile - Olkalaukaisuohjus
Ammunition - Ammukset/ **Artillery** - Tykistö
Artillery shell - Tykistön ammus
Precision missile - Tarkkuusohjus / **Ballistic missile** - Ballistinen ohjus
Atomic bomb - Atomipommi/ **Nuclear weapon** - Ydinase
Weapon of mass destruction - Joukkotuhoase
Chemical weapon - Kemiallinen ase
Flare system - Soihdutusjärjestelmä
Supply - Toimittaa/ **Storage** - Varastointi / **Armor** - Panssari

The M-16 is a US-made rifle.
M-16 on Yhdysvalloissa valmistettu kivääri.
The tank fired artillery shells.
Panssarivaunu ampui tykistöammuksia.
Shoulder-fired missiles are extremely dangerous and are hard to defend against.
Olkapäästä ammutut ohjukset ovat äärimmäisen vaarallisia ja niitä vastaan on vaikea puolustautua.
The flare system is meant as a defense against anti-aircraft missiles.
Soihdutusjärjestelmä on tarkoitettu suojaksi ilmatorjuntaohjuksia vastaan.
The navy was able to intercept a missile.
Laivasto onnistui sieppaamaan ohjuksen.
At the terrorist safe-house, guns, bullets, and grenades were found.
Terroristien turvakodista löydettiin aseita, luoteja ja kranaatteja.
The coalition forces struck an enemy arms depot.
Koalition joukot iskivät vihollisen asevarastoon.
An intense missile attack was carried out against the supply forces that resulted in many casualties.
Tarjontajoukkoja vastaan suoritettiin intensiivinen ohjushyökkäys, joka johti moniin uhreihin.
The terrorist cell fired ballistic missiles at the nuclear facility site.
terroristisolu ampui ballistisia ohjuksia ydinvoimalan alueella
Atomic bombs and chemical weapons are weapons of mass destruction.
Atomipommit ja kemialliset aseet ovat joukkotuhoaseita.

A target - Kohde/ **To target** - Kohde
An attack - Hyökkäys/ **To attack** - Hyökätä/ **Intense** - Intensiivinen
To shoot - Ammua/ **Open fire** - Avotuli/ **Fired** - Ammuttu
Enemy - Vihollinen **/Assassination** - Salamurha/ **Assassin** - Salamurhaaja
Reconnaissance - Tiedustelu
To infiltrate - Soluttautuminen/ **Invasion** - Hyökkäys
Exchange of fire - Tulivaihto
A cease fire - Tulitauko/ **Withdrawal** - Vetäytyminen
To win - Voittaa / **To surrender** - Antautua
Victim - Uhri/ **Injured** - Loukkaantunut/ **Wounded** - Haavoittunut
Deaths - Kuolemat/ **Killed** - Tapettu/ **To kill** - Tappaa
Prisoner of war - Sotavanki / **Missing in action** - Kadonnut taistelussa
Act of war - Sotatoimi / **War crimes** - Sotarikokset
Defense - Puolustus
Attempt - Yritys

There is an invasion of ground forces.
Siellä on maajoukkojen hyökkäys.
The soldier wanted to open fire and shoot at the invading forces.
Sotilas halusi avata tulen ja ampua tunkeutuvia joukkoja.
The bomb attack was considered an act of aggression and an act of war.
Pommi-iskua pidettiin hyökkäyksenä ja sotatoimena.
The reconnaissance drone managed to infiltrate deep within enemy territory.
Tiedusteludrone onnistui soluttautumaan syvälle vihollisen alueelle.
The airstrike targeted an ammunition storage site.
Ilmaisku kohdistui ammusten varastointipaikkaan.
The mortar attack and exchange of fire caused injuries and deaths on both sides.
Kranaatinheitinisku ja tulivaihto aiheuttivat vammoja ja kuolemia molemmilla puolilla.
First, we need to clear the mines.
Ensinnäkin meidän on raivattava miinat.
The ceasefire agreement included the release of prisoners of war.
Tulitaukosopimus sisälsi sotavankien vapauttamisen.
The army made a public statement to announce the withdrawal.
Armeija antoi julkisen lausunnon ilmoittaakseen vetäytymisestä.
There was a huge explosion as a result of the terrorist attack.
Terrori-iskun seurauksena tapahtui valtava räjähdys.
The commander of the insurgency was accused of serious war crimes.
Kapinan komentajaa syytettiin vakavista sotarikoksista.
Several of the submarine sailors were missing in action.
Useita sukellusveneen merimiehiä oli kadoksissa toiminnassa.

Conclusion

Hopefully, you have enjoyed this book and will use the knowledge you have learned in various situations in your everyday life. In contrast to other methods of learning foreign languages, the theory in this current usage is that ever-greater topics can be broached so that one's vocabulary can expand. This method relies on the discovery I made of the list of core words from each language. Once these are learned, your conversational learning skills will progress very quickly.

You are now ready to discuss sport and school and office-related topics and this will open up your world to a more satisfying extent. Humans are social creatures and language helps us interact. Indeed, at times, it can keep us alive, such as in war situations. You might find yourself in dangerous situations perhaps as a journalist, military personnel or civilian and you need to be armed with the appropriate vocabulary.

"This is a base for military aircraft only," you may have to tell some people who try to enter a field you are protecting, or know what you are being told when someone says to you, "Welcome to the border crossing." As a journalist on a foreign assignment, you may need to quickly understand what you are being told, such as "The sniper killed the highest-ranking lieutenant." If you are someone negotiating on behalf of the army, you may need to find another lieutenant very quickly. Lives, at times, literally depend on your level of understanding and comprehension.

This unique approach that I first discovered when using this method to learn on my own, will have helped you speak the Finnish language much quicker than any other way.

Congratulations! Now You Are on Your Own!

If you merely absorb the required words in this book, you will then have acquired the basis to become conversational in Finnish! After memorizing these words, this conversational foundational basis that you have just gained will trigger your ability to make improvements in conversational fluency at an amazing speed! However, in order to engage in quick and easy conversational communication, you need a special type of basics, and this book will provide you with just that.

Unlike the foreign language learning systems presently used in schools and universities, along with books and programs that are available on the market today, that focus on *everything* but being conversational, *this* method's sole focus is on becoming conversational in Finnish as well as any other language. Once you have successfully mastered the required words in this book, there are two techniques that if combined with these essential words, can further enhance your skills and will result in you improving your proficiency tenfold. *However*, these two techniques will only succeed *if* you have completely and successfully absorbed these required words. *After* you establish the basis for fluent communications by memorizing these words, you can enhance your conversational abilities even more if you use the following two techniques.

The first step is to attend a Finnish language class that will enable you to sharpen your grammar. You will gain additional vocabulary and learn past and present tenses, and if you apply these skills that you learn in the class, together with these words that you have previously memorized, you will be improving your conversational skills tenfold. You will notice that, conversationally, you will succeed at a much higher rate than any of your classmates. A simple second technique is to choose Finnish subtitles while watching a movie. If you have successfully mastered and grasped these words, then the combination of the two—those words along with the subtitles—will aid you considerably in putting all the grammar into perspective, and again, conversationally, you will improve tenfold.

Once you have established a basis of quick and easy conversation in Finnish with those words that you just attained, every additional word or grammar rule you pick up from there on will be gravy. And these additional words or grammar rules can be combined with the these words, enriching your conversational abilities even more. Basically, after the research and studies I've conducted with my method over the years, I came to the conclusion that in order to become conversational, you first must learn the words and *then* learn the grammar.

The Finnish language is compatible with the mirror translation technique. Likewise, with *this* language, you can use this mirror translation technique in order to become conversational, enabling you to communicate even more effortlessly. Mirror translation is the method of translating a phrase or sentence, word for word from English to Finnish, by using these imperative words that you have acquired through this program (such as the sentences I used in this book). Latin languages, Middle Eastern languages, and Slavic languages, along with a few others, are also compatible with the mirror translation technique. Though you won't be speaking perfectly proper and precise Finnish, you will still be fully understood and, conversation-wise, be able to get by just fine.

NOTE FROM THE AUTHOR

Thank you for your interest in my work. I encourage you to share your overall experience of this book by posting a review. Your review can make a difference! Please feel free to describe how you benefited from my method or provide creative feedback on how I can improve this program. I am constantly seeking ways to enhance the quality of this product, based on personal testimonials and suggestions from individuals like you. In order to post a review, please check with the retailer of this book.

Thanks and best of luck,
Yatir Nitzany

Also by Yatir Nitzany

Conversational Spanish Quick and Easy

Conversational French Quick and Easy

Conversational Italian Quick and Easy

Conversational Portuguese Quick and Easy

Conversational German Quick and Easy

Conversational Dutch Quick and Easy

Conversational Norwegian Quick and Easy

Conversational Danish Quick and Easy

Conversational Russian Quick and Easy

Conversational Ukrainian Quick and Easy

Conversational Bulgarian Quick and Easy

Conversational Polish Quick and Easy

Conversational Hebrew Quick and Easy

Conversational Yiddish Quick and Easy

Conversational Armenian Quick and Easy

Conversational Romanian Quick and Easy

Conversational Arabic Quick and Easy